A cura di Bianca Sampietro

# BUSINESS LETTERS

*scrivere lettere commerciali*

GIUNTI DEMETRA

*Redazione:* Sedigraf, Blevio (Como)
*Impaginazione:* Chiara Scudelotti e Il Quadrifoglio, Firenze

www.giunti.it


Via Bolognese 165 - 50139 Firenze - Italia
Via Dante 4 - 20121 Milano - Italia
Prima edizione: aprile 2004

| Ristampa | Anno |
| --- | --- |
| 6 5 4 3 2 1 0 | 2012 2011 2010 2009 2008 |

Stampato presso Giunti Industrie Grafiche S.p.A. - Stabilimento di Prato

# Introduzione

In Italia l'arte di scrivere una lettera, un biglietto o un avviso, usando per ciascuno di essi un lessico e una forma specifici, sembra quasi persa, sostituita dall'uso prevalente del telefono. Nei paesi di lingua anglosassone, invece, esiste una maggior attenzione alla parte formale della comunicazione scritta, che riveste comunque un ruolo significativo nei rapporti sociali. Questo libro vuole offrire una panoramica del linguaggio da usare in tutti i casi in cui appare più opportuno scrivere invece di telefonare.

La prima parte è riservata alle comunicazioni di lavoro, dalla risposta a un'inserzione alla richiesta di informazioni, dalla protesta per merce non soddisfacente alle specifiche per le consegne. Sono le lettere formali di lavoro.

La seconda parte prende invece in considerazione la corrispondenza privata, purché anch'essa di tono formale: inviti, auguri, lettere di cortesia, presentazioni, prenotazioni, proteste, comunicazioni con giornali, avvocati, assicurazioni e così via. In questa parte troverete anche alcune lettere informali; queste hanno però il solo scopo di mostrare, in contrapposizione, la differenza di stile con le altre sul medesimo argomento.

La traduzione italiana è, a volte, più sintetica dell'originale inglese. Sono state comunque evidenziate, sia in inglese sia in italiano, le espressioni più significative, e quindi più utili.

# WRITING BUSINESS LETTERS

*corrispondenza commerciale*

THOMAS THIOND & SONS LIMITED
SILK TIES
24 Nassau Road - London SW3 9QE

**Heading**
Intestazione

Our Ref.: TT/gf
Your Ref.: TK/ut

**Reference**
Riferimento

3 September 2003

**Date**
Data

**Receiver's address**
Destinatario

Messrs Allegri & Bari
Via Petrarca 98
22100 Como

Attn: The Import Manager — **To the attention of**/All'attenzione di

<u>Your inquiry of 26 July</u> — **Subject**/Oggetto

Dear Sirs — **Salutation**/Vocativo

Thank you for your request for information and interest in our catalogue. We are enclosing our catalogue and price list and we look forward to hearing from you soon.

Yours faithfully — **Complimentary close**/Saluti

Thomas Thiond — **Signature**/Firma

Import Manager — **Position**/Qualifica

Encl. Catalogue — **Enclosure**/Allegato

# LAYOUT OF A BUSINESS LETTER
## *(impostazione di una lettera commerciale)*

**Heading**/*Intestazione*
È prestampata al centro del foglio.

**Reference**/*Riferimenti*
Sono costituiti dalle iniziali **maiuscole** del nome della persona che firma la lettera e dalle iniziali **minuscole** del nome di chi l'ha dattiloscritta:

| | |
|---|---|
| **HG/mt** | **Hugh Green/Margaret Taylor** |
| | |
| **Your ref.** | indica il destinatario |
| **Our ref.** | indica il mittente |

**Date**/*Data*
- Si può scrivere con numero cardinale o ordinale:
  **3 September/3rd September 200...**
- In America si scrive invece:
  **September 3, 200...**[1]

1. Fate attenzione quando scrivete una data con i numeri, poiché si rischia di fare confusione: in America la scritta **6/3/2000** indica il **3 giugno**, non il **6 marzo**!

**Receiver's address**/*Destinatario*

- Se la lettera è indirizzata a una persona singola:
  **Mr John Parker**
  **Ms Marion Brenson** (anche **Miss** Marion Brenson se è single o **Mrs** Marion Brenson se è coniugata)[2]

- Se la lettera è indirizzata a una società con nomi propri:
  **Messrs J. Belle & Sons/Messrs Kline & Carvin Ltd**

- Se si tratta di una società nella cui ragione sociale non compaiono nomi di persone:
  **Machine Tools Ltd/Wool Connections Ltd**

- Se la lettera è indirizzata a un ente/istituzione/negozio/centro:
  **The Sales Manager/The Chamber of Commerce/The NAT Bank**

**To the attention of**/*All'attenzione di*
Può essere espresso nei seguenti modi:
**For the attention of/Attention/Attn**

**Salutation**/*Saluto iniziale o vocativo*

- **Dear Mr/Mrs/Ms/Miss Brown**
  se si conosce il nome della persona a cui si scrive.

- **Dear Sir/Madam**
  se non si conosce il nome della persona.

- **Dear Sirs** (inglese britannico) o **Gentlemen** (inglese americano) se ci si rivolge a una società o ente.

2. Non esiste l'equivalente di Avv./Ing.

**Complimentary close**/*Formula di chiusura*
Il finale della lettera dipende dal vocativo usato

| SE SI INIZIA CON... | SI TERMINA CON... |
|---|---|
| Dear Sir/Sirs/Madam | Yours faithfully |
| Gentlemen | Yours truly/<br>Truly yours (USA) |
| Dear Mr/Ms Brown | Yours sincerely<br>Sincerely yours (USA) |
| Dear Mary/Frank | Yours/Best regards |

**Enclosures**/*Allegati*
Se ne indica numero o tipo dopo la scritta:
**Encl./Encls.**

**Riassumendo:**

| NOME E INDIRIZZO | SALUTO INIZIALE | SALUTO FINALE |
|---|---|---|
| Messrs Smith & Jay<br>250 Oxford Street<br>London W1 7TM | Dear Sirs | Yours faithfully<br>Yours truly |
| The Sales Manager<br>Software Ltd<br>Richmond<br>Surrey SFY 3DF | Dear Sir | Yours faithfully<br>Yours truly |
| Ms Tobit<br>Brown & Co<br>3 Pombal St.<br>London W1 5JN | Dear Ms Tobit | Yours sincerely |
| Manson Products Inc<br>PO Box 2102<br>Fairfield, CA 94533 | Gentlemen | Yours truly<br>Truly yours |

# APPLICATION FOR A JOB
## *(domanda di impiego)*

*Secretary/interpreter required by firm based in London. Must be fluent in English and willing to travel at short notice. 2 years' experience minimum. Fast typing essential.*
*Apply in writing to...*

*Ditta londinese cerca segretaria/interprete, ottimo inglese parlato e disposta a viaggiare con breve preavviso. Minimo 2 anni di esperienza. Fondamentale dattilografia. Inviare lettera manoscritta a...*

Dear Sirs,
I have seen your advertisement for the post of secretary/interpreter in the *Guardian* and **I should like to apply for it**.
As you can see from the **enclosed curriculum**, I am 24 years old and single. I went to St. Martin School in London and then **took a** two-year secretarial **course** at Marino College. I **worked as a secretary** for Green & Larry from 1991 to 1993. I was responsible for typing, filing, scheduling the Export Manager's appointments, answering the telephone calls and carrying out all the **foreign correspondence**.
I have recently completed courses in French and German, which I can speak and write fluently. My **shorthand speed** is 110 w.p.m. and typing 70 w.p.m. I am **familiar with word processing** as I have been attending computer evening classes for the last two months.
**A copy of a reference** from my previous employer **is enclosed**.
**I hope you will take my application into consideration and look forward to hearing from you**.
Yours faithfully

Marion Hudson

**Encl.** curriculum vitae

Egregi Signori,
ho visto la Vostra inserzione per il posto di segretaria/interprete sul "Guardian" e desidererei **fare domanda per questo posto**. Come potete vedere dall'**allegato curriculum** ho 24 anni e non sono sposata. Ho frequentato la St. Martin School a Londra e poi ho seguito un **corso di segretaria di due anni** al College Marino. **Ho lavorato come segretaria** per la ditta Green & Larry dal 1991 al 1993. Dovevo dattilografare, tenere l'archivio, programmare gli appuntamenti del Direttore Estero, rispondere al telefono e gestire tutta la **corrispondenza in lingua straniera**.
Ho finito di recente dei corsi di francese e tedesco, che parlo e scrivo correntemente. **Stenografo alla velocità** di 110 battute al minuto e **scrivo a macchina** 70 parole al minuto. **So usare il computer**, poiché da 2 mesi frequento corsi serali di informatica.
**Qui allegata** troverete **copia delle referenze** da parte del mio precedente datore di lavoro.
**Spero che prendiate in considerazione la mia domanda e resto in attesa di una risposta**.
Distinti saluti

Marion Hudson

**All.** curriculum

## Application for a position
## *Come formulare una domanda di impiego*

**A. Reference to an advert or other source of information/** *Riferimento a un'inserzione o ad altra fonte*

a. With reference to your advertisement in *The Times* for a…

Con riferimento al Vostro annuncio sul "Times" per un…

b. Having read in…/Having heard from…
… that you are looking for/there is a vacancy for the position of…

Avendo letto su.../Avendo saputo da...
... che state cercando/che c'è un posto libero come...

- **foreign correspondent** corrispondente estero
- **clerk/receptionist** impiegato/receptionist
- **accountant/book-keeper** ragioniere/contabile
- **travel agent** agente di viaggio
- **traveller** viaggiatore
- **program analyst/ switchboard operator** analista programmatore/ centralinista

## B. Application for the job/*Domanda per il posto*

I wish/I should like to apply for the vacancy/the position referred to in your advertisement.

Desidero/Desidererei fare domanda per il posto vacante/il posto indicato nella Vostra inserzione.

## C. Information about education/*Informazioni personali*

I am ... years old.
I am married/single.
I was educated at...
I was graduated in Economics from the ... University.
From my attached CV you will see that I have...
I got my accountant diploma from the Technical Institute of...
From 20... to 20... I attended...

Ho ... anni.
Sono sposato/celibe.
Ho studiato a...
Mi sono laureato in Economia all'università di...
Dall'accluso curriculum vedrete che ho...
Ho ottenuto il diploma di ragioniere all'Istituto Tecnico di...
Dal 20... al 20... ho frequentato...

**D. Working experiences/***Esperienze di lavoro*

a. I was with Messrs ... from 20... to 20...

Ho lavorato presso la ditta ... dal 20... al 20...

b. For the past ... years/Since 20... I have been with Messrs ..., that I am going to leave...
- wishing to improve my position
- because I have no prospect of advancement
- because of a reduction of the staff
- because of the closing down of the firm.

Da ... anni/dal 20... lavoro presso la ditta ..., che sto per lasciare...
- desiderando migliorare la mia posizione
- perché non ho possibilità di avanzamento
- per riduzione del personale
- per chiusura della ditta.

**E. Qualifications/***Qualifiche*

I am a good/experienced correspondent/shorthand typist.
I am perfectly familiar with...
I have a very good knowledge of...
- book-keeping
- import and export trade
- computer programming.

I have a shorthand speed of 90 w.p.m. and keyboarding skills of...

Sono un buon/esperto corrispondente/stenodattilo.
Sono praticissimo di...
Ho un'ottima conoscenza di
- contabilità
- commercio di importazione/esportazione
- computer

Stenografo alla velocità di 90 parole al minuto e scrivo sul computer alla velocità di...

**F. References/***Eventuali referenze*

a. Messrs … will give you any information you may require as to my honesty and ability.

La ditta … vi darà qualsiasi informazione di cui possiate aver bisogno riguardo alla mia onestà e capacità.

b. Herewith enclosed are copies of the testimonials from Messrs …, as requested.

Qui accluse troverete copie delle referenze da parte della ditta …, come richiesto.

**G. Hopes of a favourable reply/***Speranze di risposta favorevole*

a. Hoping/Trusting…
- that you will take my application into favourable consideration
- that you will grant me an interview
- to hear from you…

Sperando/Confidando
- che prenderete in considerazione la mia domanda di impiego
- che mi concederete un colloquio
- di avere vostre notizie…

b. Looking forward to a positive reply I remain…

In attesa di una risposta favorevole…

c. Yours faithfully/Sincerely

Vi porgo distinti saluti

CURRICULUM VITAE

**Personal information**
Name: Maria Bianchi
Address: via Prosperino 10, Milano
Telephone: 02 278813
Date of birth: 12 September 1978
Nationality: Italian
Marital status: married

**Education**

| | |
|---|---|
| 1991-1996 | Istituto Tecnico Statale Bardi |
| 1996 | maturità in computer programming from Istituto Tecnico Bardi in Milan; final mark 60/60 |
| Sept. 1996 | attended a three-week seminar on web designing organized by IED |

**Employment**

| | |
|---|---|
| 1996 | occasional replacement work at WIBER, a software company |
| 1996-2003 | the American Store as book-keeper |

**Skills**
Knowledge of computer languages: BASIC, FORTRAN; typing (90 w.p.m.)

**Languages**
Fluent written and spoken English, attended a 6-week language course at Davies School, Cambridge; good knowledge of written and spoken French

**References**
Mr Smith, Export Manager
Ms Brown, Sales Manager

## Reply/*Come strutturare una risposta a una domanda di lavoro*

**A. Reference to the application**/*Riferimento alla richiesta*

a. In reply to your letter/application of…

In risposta alla sua lettera/domanda del…

b. With reference to your application of…

Con riferimento alla sua domanda del…

**B. Positive reply**/*Risposta positiva*

a. We are pleased to inform you that your application has been favourably considered/taken into consideration.

Siamo lieti di informarla che la sua domanda è stata accolta favorevolmente/presa in considerazione.

b. We shall/should be glad to see you in our office on Monday at 9 o' clock to discuss the matter with you.

Saremo/Saremmo lieti di incontrarLa nel nostro ufficio lunedì alle 9.00 per discutere la faccenda con Lei.

**C. Unfavourable reply**/*Risposta negativa*

We regret having to inform you that:
- your application has not been successful
- we cannot take your application into consideration because…

Siamo spiacenti di doverla informare che:
- la sua domanda non ha avuto esito favorevole
- non possiamo prendere in considerazione la sua domanda perché…

- the vacancy you applied for has already been filled
- at present no vacancy is open in our firm
- we have chosen a candidate whose qualifications are better suited for the post
- of the great number of applications we have received.

- il posto per il quale ha fatto domanda è già stato occupato
- attualmente non ci sono posti vacanti nella nostra ditta
- abbiamo scelto un candidato/a con qualifiche più adatte
- abbiamo ricevuto un gran numero di domande.

# INQUIRY
## *(richiesta di informazioni)*

Dear Sirs,
we read **your ad** in a trade magazine and **we are interested in** your range of office tables Tizi44. We are the largest **importers of** office furniture in the north of Italy and would be interested in receiving **your current catalogue** and **export price list**.
Kindly note we are **wholesalers** and that **if your prices are favourable, we could place big orders with you**.
In your offer **please quote prices for payment at 30 days,** stating the **discount you usually grant** for **cash on delivery**.
We hope to **hear from you** as soon as possible.
Yours faithfully

Egregi signori,
abbiamo letto **il Vostro annuncio** su una rivista commerciale e **siamo interessati alla** Vostra collezione di tavoli per ufficio modello Tizi44. Siamo i più grandi **importatori di** mobili per ufficio del Nord Italia e saremmo interessati a ricevere **il Vostro catalogo aggiornato** e il Vostro **listino prezzi per l'esportazione**.
Desideriamo farvi notare che siamo **grossisti** e che, **se i Vostri prezzi saranno favorevoli, potremmo passarVi ordini consistenti**.
Nella Vostra offerta **Vi preghiamo di indicare i prezzi per pagamento a 30 giorni** e **lo sconto che generalmente concedete** per **pagamento alla consegna**.
Speriamo **di ricevere Vs. notizie** il più presto possibile.
Distinti saluti

## Inquiry/*Come strutturare una richiesta di informazioni*

**A. Source of address**/*Nominativo di chi ha fornito l'informazione*

a. Your name was given us by...
- the local Chamber of Commerce
- a mutual business associate.

Il Vostro nome ci è stato dato
- dalla Camera di Commercio locale
- da un socio d'affari comune.

b. We understand from ... that you are
- manufacturers/producers
- importers/exporters
- wholesalers/retailers
- distributors/agents.

Sappiamo da ... che siete
- fabbricanti/produttori
- importatori/esportatori
- grossisti/dettaglianti
- distributori/agenti.

**B. Introduction of the firm**/*Presentazione della propria ditta*

a. We require/are interested in...

Richiediamo/Siamo interessati a...

b. We deal in the same line as wholesalers/distributors...

Trattiamo la stessa linea come grossisti/distributori...

## C. **Requests**/*Richieste*

a. With reference to your offer/advert we should be pleased to receive…
- your best offer/lowest quotations
- latest price list/current catalogue
- some samples/a set of samples
- a pattern-book.

Con riferimento alla Vostra offerta/annuncio saremmo lieti di ricevere…
- la Vostra migliore offerta/quotazione più bassa
- l'ultimo listino prezzi/catalogo aggiornato
- alcuni campioni/un campionario (di articoli vari)
- un campionario (di articoli del medesimo tipo).

b. Please/Kindly let us know:
- your best quotations/terms of payment
- the price you quote/sales terms
- full details of your terms of sale
  - – for the articles detailed in the enclosed list
  - – for delivery CFI/f.o.b.
- the discount you grant on large orders
- if you are prepared to grant discounts
  - – for cash
  - – with order
  - – on delivery.

Vi preghiamo di farci sapere:
- le vostre migliori quotazioni/condizioni di pagamento
- il prezzo che fate/le condizioni di vendita
- le condizioni di vendita dettagliate
  - – per gli articoli descritti nella lista acclusa
  - – per consegna CFI/f.o.b.
- lo sconto che concedete per grossi ordini
- se siete disposti a concedere sconti
  - – per pagamento in contanti
  - – all'ordine
  - – alla consegna.

## D. **Inquiry about availability of the goods**/*Disponibilità della merce*

We shall be glad to know...
- when/whether you could deliver/supply us with the articles we require
- whether these goods are in stock
- whether these goods could be delivered
  – on receipt of order
  – within ... days from receipt of order
  – by the ... at the latest.

Saremo lieti di sapere...
- quando/se potreste consegnare/fornirci gli articoli richiesti
- se queste merci sono in magazzino
- se queste merci potrebbero essere consegnate
  – al ricevimento dell'ordine
  – entro ... giorni dal ricevimento dell'ordine
  – entro il ... al più tardi.

## E. **Orders promised**/*Promessa di fare ordini*

If your prices are competitive/your terms satisfactory...
If your samples meet the requirements...
If you grant us a discount of ... % on the price quoted...
If you promise early delivery...
- we shall/are willing to pass you
  – a trial order
  – a substantial order for...
- we shall be pleased to enter into business relations with you.

Se i vostri prezzi sono competitivi/le vostre condizioni soddisfacenti...
Se i vostri campioni vengono incontro alle esigenze...
Se concedete uno sconto del ... % sui prezzi quotati...
Se promettete pronta consegna...

- Vi passeremo
  – un ordine di prova
  – un grosso ordine di…
- saremo lieti di entrare in rapporti d'affari con Voi.

### F. **Complimentary close**/*Frasi di chiusura*

An early reply would be greatly appreciated.
Awaiting your reply, we remain
Yours faithfully

Vogliate rispondere con sollecitudine.
In attesa di una Vostra risposta, distintamente
Vi salutiamo

# REPLY TO INQUIRY-OFFER
## *(come rispondere a una richiesta di informazioni e offerte)*

Dear Mr Radvish
Re: request for samples

**Thank you very much for** your letter of 14 November **requesting samples** of our towels and sheets.
We are sending samples of our most recent line **under separate cover, along with the order forms** if you decide **to pass/place an order**.
We would like to draw **your attention on** the 'Slip-on' line we have just **launched on the market** and which **has proved very successful**.
After studying our prices we feel sure you will realize **they are very competitive**, taking into account the high quality of the items.
Please **let me know if you require further information**.
**We look forward to hearing from you** again in the near future.
Yours sincerely

Egregio Signor Radvish
Rif.: richiesta di campioni

**Vi ringraziamo** per la Vostra lettera del 14 novembre in cui **chiedevate campioni** dei nostri asciugamani e lenzuola. Vi mandiamo campioni della nostra linea più attuale **in plico separato, oltre ai moduli di ordinazione** nel caso decideste di **passare un ordine**. Desideriamo **sottoporre alla Vostra attenzione** la linea "Slip-on" che abbiamo appena **lanciato sul mercato** e che **ha avuto molto successo**.
Dopo aver esaminato i nostri prezzi, siamo sicuri che Vi renderete conto **che sono molto competitivi**, considerando l'alta qualità degli articoli.
**Fateci sapere se avete bisogno di ulteriori informazioni**.
**Attendiamo vostre notizie** molto presto.
Distinti saluti

## Positive reply to an inquiry/*Come strutturare una risposta positiva alla richiesta*

**A. Reference to the inquiry**/*Riferimento alla richiesta*

a. Thank you for your letter requesting information about...

Vi ringraziamo per la lettera in cui chiedete informazioni circa...

b. We acknowledge receipt of your inquiry...

Accusiamo ricevuta della Vostra richiesta...

c. We were glad to receive your inquiry...

Siamo lieti di ricevere la Vostra richiesta...

**B. Introduction of the firm**/*Presentazione della ditta*

- We have been manufacturers of ... for 10 years/since 1990.
- We have been manufacturing ... for ...years/since...
  – so we can supply top quality goods
  – so we are technically advanced
  – so we can offer our customers a reliable product.

- Siamo fabbricanti di ... da 10 anni/dal 1990.
- Fabbrichiamo ... da ... anni / dal...
  – per cui possiamo fornire merci di ottima qualità
  – per cui siamo tecnicamente avanzati
  – per cui possiamo offrire ai clienti un prodotto fidato.

**C. Sending catalogues, price-list, offers**/*Spedizione di cataloghi, listino prezzi, offerte*

As requested we are sending you/have sent you
- here enclosed
- under separate cover
- by parcel post
  – our current catalogue/illustrative literature
  – a full range of patterns/a pattern book
  – a free sample/a set of samples
  – our latest price list/best conditions of sale
  – our lowest quotations for the articles you require.

Come richiesto Vi spediamo/abbiamo spedito
- qui allegato
- in plico separato
- per mezzo di pacco postale
  – il nostro catalogo aggiornato/il catalogo illustrato
  – un campionario completo/un campionario
  – un campione gratuito/una serie di campioni
  – il nostro ultimo listino prezzi/le migliori condizioni di vendita
  – i prezzi minimi per gli articoli di cui avete bisogno.

## D. Goods are available/*Disponibilità delle merci*

We are pleased to inform you that
- we can supply you with the goods you require
- the goods you are interested in
  – are available
  – are in stock and can be delivered.

Siamo lieti di informarVi che
- possiamo fornirVi le merci di cui avete bisogno
- la merce che Vi interessa
  – è disponibile
  – è in magazzino e può essere consegnata.

## E. Prices and conditions/*Prezzi e condizioni*

a. Our **prices** are
- CFI/f.o.b. Genoa
- carriage paid to…
- ex works
- carriage forward/carriage free
- ex-factory

Our **prices** do not include packing/VAT.
Our **prices** are valid
- up to 31 December
- for a period of 6 months from the date of quotation.

I nostri **prezzi** sono
- CFI/f.o.b. Genova
- trasporto pagato fino a
- franco stabilimento
- porto assegnato/porto franco
- franco fabbrica

I nostri **prezzi** non comprendono l'imballaggio/IVA.
I nostri **prezzi** sono validi
- fino al 31 dicembre
- per un periodo di 6 mesi dalla data della quotazione.

b. We usually require **payment**
- with order
- against our proforma invoice
- by bank transfer
- by irrevocable letter of credit
- by bill of exchange at 30/60/90 days
- by bank draft
- against documents.

Di solito richiediamo **il pagamento**
- all'ordine
- contro fattura proforma
- con trasferimento bancario
- per mezzo di lettera di credito irrevocabile
- per mezzo di tratta a 30/60/90 giorni
- per mezzo di assegno circolare
- contro documenti.

c. Payment must be made at ... days from receipt of invoice.
Our usual **terms of payment** are as follows:
- D/A documents against acceptance
- D/P documents against payment
- c.w.o. cash with order
- COD cash on delivery.

Il pagamento deve essere effettuato a ... giorni dal ricevimento della fattura.
Le nostre abituali **condizioni di pagamento** sono le seguenti:
- D/A documenti contro accettazione
- D/P tratta a vista
- c.w.o. pagamento all'ordine
- COD contrassegno.

OWING TO A CAUSA di

d. We can grant you a **discount** of ... %
- on orders for over ... pieces
- for payment within 30 days from receipt of the invoice
- on all orders placed before...

Possiamo concedere uno **sconto** del ... %
- su ordini superiori a...
- per pagamenti a 30 giorni dal ricevimento fattura
- su tutti gli ordini fatti prima del...

e.
- **Delivery** will be made within ... weeks/months from receipt of the order
- We can guarantee delivery by...
- All articles can be supplied from stock
- Owing to the increasing demand for these articles we cannot guarantee prompt delivery.

- La **consegna** sarà effettuata entro ... settimane/mesi dal ricevimento dell'ordine
- Possiamo garantire la consegna entro...
- Tutti gli articoli possono essere forniti da magazzino
- A causa della crescente domanda per questi articoli non possiamo garantire una pronta consegna.

## F. Hopes to get orders/*Speranza di ricevere ordini*

a. We are/feel sure you will appreciate the quality/accurate finish/the design of our products.
As you will see from the brochures
- our products
  - come in a wide range of colours and patterns
  - are made from the best materials
  - are hand-made/have a hand-made finish
  - are excellent value for money
  - are fully guaranteed
  - are waterproof/unshrinkable/non-fade
- the goods we offer are the best you can find on the market
- will unable you to meet the competition.

Siamo sicuri che apprezzerete la qualità/le rifiniture accurate/il design dei nostri prodotti.
Come vedrete dai depliant
- i nostri prodotti
  - hanno una vasta gamma di colori e modelli
  - sono fatti con i migliori materiali
  - sono fatti a mano/sono rifiniti a mano
  - hanno un ottimo rapporto qualità-prezzo
  - sono completamente garantiti
  - sono impermeabili/non si restringono/non stingono
- le merci che offriamo sono le migliori che possiate trovare sul mercato
- Vi permetteranno di affrontare la concorrenza.

b. We hope/trust our articles/products
- will be of interest to you
- meet your needs/requirements.

Speriamo/confidiamo che i nostri articoli/prodotti
- siano di interesse per Voi
- vengano incontro alle vostre esigenze.

c. We hope you will pass us an order.

Speriamo che ci passiate un ordine.

## G. Closing sentences/*Frasi finali*

a. If you need/require further information, do not hesitate
- to write to us/contact us
- to call us at the above number
- to fax us.

Se avete bisogno di ulteriori informazioni, non esitate
- a scriverci/contattarci
- a chiamarci al numero sopracitato
- a mandarci un fax.

b. We look forward to
- hearing from you soon
- the opportunity of doing business with you
- receiving your order, which will be carefully executed.

Restiamo in attesa di
- avere Vostre notizie
- avere la possibilità di fare affari con Voi
- ricevere il Vostro ordine, che sarà eseguito con la massima cura.

## Negative reply to an inquiry
## *Come strutturare una risposta negativa a una richiesta di informazioni*

In reply to/With reference to your inquiry of ... we regret having to inform you that we cannot
- deliver
- quote prices
- submit quotations/offers/samples

because
- the article you require is out of stock/out of sale
- we do not deal in this line
- we are not manufacturing these articles.

In risposta a/Con riferimento alla Vostra domanda del ... siamo spiacenti di doverVi informare che non possiamo
- consegnare

- quotare i prezzi
- sottoporre quotazioni/offerte/campioni

perché

- tutti gli articoli che richiedete sono esauriti/non sono più in vendita
- non trattiamo più questa linea
- non fabbrichiamo questi articoli.

# ORDERS
## *(ordini)*

Dear Mr ...,
We received your **reply to** our inquiry dated 7 November about your **range of** office desks.
We have examined your terms and as **we find them to our satisfaction**, we are pleased **to send you a trial order as per your order form here enclosed**.
We understand that the **prices quoted** in your offer **are CFI Genoa**.
**Payment will be made by L/C on receipt of your pro-forma invoice**.
Would you please **pack the goods** and **mark them** as per our instructions on the order form.
We hope that **our order will be executed with the utmost care**.
Yours sincerely

Egregio Signor .../Spettabile ditta,
abbiamo ricevuto la Vostra **risposta alla** nostra richiesta del 7 novembre riguardante la Vostra **gamma di** scrivanie per ufficio.
Abbiamo esaminato le Vostre condizioni e poiché **le troviamo di nostra soddisfazione siamo lieti di mandarVi un ordine di prova come da Vostro modulo qui accluso**.
Apprendiamo che **i prezzi** della Vostra offerta sono **CFI Genova**.

**Il pagamento verrà effettuato tramite lettera di credito al ricevimento della Vostra fattura proforma.**
**Vi preghiamo di imballare la merce e di marcarla** come da nostre istruzioni sul modulo di ordinazione.
Speriamo che il nostro **ordine sia eseguito con la massima cura**.
Distinti saluti

## Placing the order/*Come organizzare il conferimento di un ordine*

**A. Reference to offer**/*Riferimento alla corrispondenza precedente*

Many thanks for your offer of...
We are writing with reference to your quotation for...
On examining your catalogue we found
- your articles interesting
- your prices competitive.

Vi ringraziamo per la Vostra offerta del...
Vi scriviamo con riferimento alle vostre quotazioni del...
Esaminando il Vostro catalogo abbiamo trovato
- i vostri articoli interessanti
- i vostri prezzi competitivi.

**B. The order**/*Dettagli sull'ordine*

- We would like to place/pass an order for...
- Enclosed please find our trial order for...
- Would you please forward/send us/let us have the goods as stated on the order form enclosed.

- Vorremmo fare un ordine di...
- Qui accluso troverete il nostro ordine di prova di...

- Vogliate gentilmente spedirci/mandarci/farci avere le merci come da modulo qui allegato.

## C. Requesting despatch of the goods/*Richiesta di spedizione*

a. Please send the goods by plane/train/truck/TIR lorry.

Vi preghiamo di inviarci la merce in aereo/treno/camion/TIR.

b. Please ship the goods
- by S/S Victory sailing from ... bound to...
- by the first available vessel/plane to...
  - on receipt of the order
  - not later than...
  - by the end of the month.

Favorite inviarci la merce
- sulla nave Victory in partenza da ... diretta a...
- sulla prima nave/aereo disponibile diretta a...
  - al ricevimento dell'ordine
  - non più tardi di...
  - entro la fine del mese.

## D. Prices terms and conditions/*Prezzi e condizioni*

Terms and conditions are as follows:
- payment (*see* p. 43)
- delivery (*see* pp. 41-42).

Please let us know when you think the goods are ready for delivery and contact our forwarding agent who will collect them
Fax us your advice of despatch.

Le condizioni sono:
- pagamento (*vedi* pag. 43)

• consegna (*vedi* pagg. 41-42).
Fateci sapere quando pensate che la merce sia pronta per la consegna e contattate il nostro spedizioniere che la ritirerà.
Fateci sapere via fax della spedizione.

## E. Packing/*Imballaggio*

| PACK IN | IMBALLARE |
|---|---|
| wooden cases | scatole di legno |
| strong cardboard boxes | scatoloni di cartone |
| polystyrene | polistirolo |
| containers | containers |

| WRAP IN | AVVOLGERE IN |
|---|---|
| air-bubble polythene | fogli di plastica a bolli |
| corrugated paper | cartoni ondulati |
| foam rubber | gommapiuma |

a. Please pack the goods very carefully in order to avoid damage in transit.

Vogliate imballare la merce con la massima cura per evitare danni durante il tragitto.

b. Please see that the goods are carefully packed in fire-resistant crates and marked 'FRAGILE'.

Controllate che la merce sia imballata con cura in casse ignifughe e contrassegnate con la scritta: "FRAGILE".

**F. Instructions about execution**/*Istruzioni per l'esecuzione*

We trust you will
- carry out this order with the utmost care
- keep strictly to the size/weight/colours stated in your letter
- pay the greatest attention to packing
- have the cases duly numbered and marked
- the articles will match the samples
- deliver goods on … or before.

Siamo certi che
- eseguirete questo ordine con la massima cura
- Vi atterrete strettamente alle dimensioni/peso/colori descritti nella Vostra lettera
- presterete la massima attenzione all'imballaggio
- farete debitamente numerare e marcare le casse
- gli articoli saranno conformi ai campioni
- consegnerete le merci il … o prima.

**G. Closing sentences**/*Formule di chiusura*

a. We hope this order will be carefully carried out according to our instructions.

Speriamo che questo ordine sia eseguito attentamente secondo le nostre istruzioni.

b. We trust
- you will handle the order with care and attention
- our order will receive your careful attention.

Siamo certi che
- eseguirete l'ordine con la massima cura
- il nostro ordine riceverà la Vostra attenzione.

## Confirmation of an order
## *Conferma di un ordine*

Dear Mr Thorton,
Many **thanks for** your order of 21 March.
We would like to inform you that we have **packed the desks in strong cardboard boxes and have marked them as requested**.
The forwarding agents will **collect the boxes** and **have them loaded on board S/S Rex due to reach the port of** Genoa on 21 January.
As for payment, we have been **advised by our bank of the opening of a credit** in our favour and we thank you for it.
**The documents you require – invoice, consignment note, bill of lading –** have been handed to our bank **as requested**.
We hope to receive other orders from you in the future.
Yours faithfully

Egregio Sig. Thorton,
Vi **ringraziamo del** Vostro ordine del 21 marzo. Vi informiamo che abbiamo **imballato le scrivanie in scatoloni di robusto cartone e le abbiamo fatte marcare come richiesto**.
Gli spedizionieri **ritireranno gli scatoloni e li faranno caricare a bordo della nave *Rex* che raggiungerà il porto di** Genova il 21 gennaio.
Per quanto riguarda il pagamento, siamo **stati informati dalla nostra banca dell'apertura di credito** in nostro favore e ve ne ringraziamo.
**I documenti che Vi necessitano – fattura, nota di consegna, polizza di carico –** sono stati consegnati alla nostra banca **come richiesto**.
Speriamo di ricevere altri ordini da parte Vostra in futuro.
Distinti saluti

**A. Reference to the order**/*Riferimento all'ordine*

a. We were pleased to receive your order of...

Abbiamo ricevuto il Vostro ordine del…

b. We acknowledge receipt of your order n. … of…

Accusiamo ricevuta del Vostro ordine n. … del…

c. With reference to your order n. …

Con riferimento al Vostro ordine n. …

**B. Terms and conditions**/*Condizioni di vendita*

We confirm the following terms, as stated in our previous letter:

Confermiamo le seguenti condizioni, come stabilito nella lettera precedente:

**1. prices**/*prezzi*

As stated in our price list/quotation of…

Come da listino prezzi/quotazioni del…

**2. packing**/*imballaggio*

Your instructions will be strictly followed. As requested the goods will be packed in… (*see* p. 38).

Le vostre istruzioni saranno seguite scrupolosamente. Come richiesto le merci saranno imballate in… (*vedi* pag. 38).

**3. delivery**/*consegna*

a. We can guarantee delivery within … weeks/within the time stated/by…/not later than…/as per your instructions.

Possiamo garantire la consegna entro ... settimane/il tempo concordato/entro il.../non più tardi di.../come da vostre istruzioni.

b. f.o.b. Malpensa Airport.

f.o.b. aeroporto Malpensa.

c. The goods will be despatched:
– upon receipt of your remittance for £...
– as soon as we receive your remittance as per enclosed pro-forma invoice.

La merce sarà spedita:
– al ricevimento della Vostra rimessa di £...
– non appena riceveremo la Vostra rimessa come da Vostra fattura proforma.

d. The articles are available and we expect your consignment to be ready within the week.

Gli articoli sono disponibili e la consegna sarà pronta entro la settimana.

## 4. **transport**/*trasporto*

a. The consignment will be despatched by goods train/by TIR trucks/by lorry/by sea.

La partita sarà spedita con treno merci/con TIR/con camion/via mare.

b. Transport will be effected through our Shipping Agents Messrs...

Il trasporto sarà effettuato tramite la nostra agenzia di spedizione...

## 5. **payment**/*pagamento*

- COD cash on delivery
- D/A documents against acceptance
- D/P documents against payment
- We have drawn/shall draw on you at sight/at 30 days' sight
  – against documents
  – through the bank
- We have debited your current account with said amount
- We have been advised by our bank that you have opened a letter of credit in our favour for the amount of the invoice
- We thank you for arranging a bank transfer for £...
- Please provide for the immediate transfer of the amount stated in the enclosed pro-forma invoice
- We are enclosing a pro-forma invoice for the total amount of the goods and ask you to open an irrevocable letter of credit in our favour.

- Contrassegno
- Tratta a scadenza futura
- Tratta a vista
- Abbiamo spiccato/spiccheremo tratta su di Voi a vista/a 30 giorni
  – contro documenti
  – attraverso la banca
- Abbiamo addebitato la somma sul Vostro conto corrente.
- Siamo stati informati dalla nostra banca che avete aperto una lettera di credito in nostro favore per l'ammontare della fattura
- Vi ringraziamo per avere operato un trasferimento bancario di £...
- Vogliate provvedere al trasferimento bancario della somma convenuta nell'acclusa fattura proforma
- Accludiamo una fattura proforma per la somma totale della merce e Vi chiediamo di aprire una lettera di credito irrevocabile a nostro favore.

**6. documents**/*documenti*

a. We have forwarded the shipping documents to your bank against payment of a draft at 30 days.

Abbiamo spedito i documenti di spedizione alla Vostra banca contro pagamento di una tratta a 30 giorni.

b. We have been informed by our bank of the opening of a letter of credit in our favour and we are pleased to enclose the following documents: invoice in triplicate, certificate of origin, insurance policy and packing list.

Siamo stati informati dalla nostra banca dell'apertura di una lettera di credito in nostro favore e siamo lieti di accludere i seguenti documenti: fattura in triplice copia, certificato di origine, polizza di assicurazione e lista degli articoli.

**7. insurance**/*assicurazione*

a. We shall effect insurance with Lloyds and telex/fax you all the policy details.

Effettueremo l'assicurazione con i Lloyds e Vi spediremo via telex/fax tutti i dettagli della polizza.

b. As regards insurance the cargo will be covered against all risks.

Per quanto riguarda l'assicurazione il carico sarà coperto contro tutti i rischi.

## C. Closing sentences/*Formule di chiusura*

a. We trust that our careful execution of your order will encourage you to place further orders with us.

Siamo sicuri che la cura con cui eseguiremo l'ordine Vi indurrà a passarci ulteriori ordini.

b. We can assure you that your order will be carried out with the best care and hope to be able to do business with you again in the future.

Vi assicuriamo che il Vostro ordine sarà eseguito con la massima cura e speriamo di poter fare affari con Voi di nuovo in futuro.

## Modification or cancellation of the order
## *Modifica o annullamento dell'ordine*

Dear Sirs,
With reference to your order of 10 May, we **are sorry/we regret to have to inform** you/let you know that **we cannot meet your request because we no longer manufacture the items you require/we have had so many orders we cannot guarantee delivery** by the end of June.
We trust you will understand our position and **are at your disposal** for any future needs.
**Apologizing for the inconvenience caused**, we remain
Yours faithfully

Spettabile ditta,
Con riferimento al Vostro ordine del 10 maggio, **siamo spiacenti di dovervi informare**/farvi sapere **che non possiamo venire incontro alla Vostra richiesta perché non fabbrichiamo più gli articoli di cui avete bisogno/abbiamo avuto così tanti ordini che non possiamo garantire la consegna** entro la fine di giugno.
Siamo sicuri che capirete la nostra posizione e **siamo a Vostra disposizione** per ogni necessità futura.
**Scusandoci per l'inconveniente**, porgiamo distinti saluti.

**A. Reference to the order/***Riferimento all'ordine*

a. We acknowledge receipt of your order n. ... of...

Accusiamo ricevuta del Vostro ordine n. ... del...

b. With reference to your order n. ...

Con riferimento al Vostro ordine n. ...

**B. Reasons of the inability to carry out the order/***Motivazioni dell'impossibilità di eseguire l'ordine*

a. We regret having to inform you that owing to
- lack of raw material
- a strike that has interrupted the production/is paralysing deliveries
- an unexpected demand for the articles you requested

we are unable to
- fulfil your order for the time being
- deliver the goods within the time required
- guarantee delivery by...
- accept orders until you settle the previous invoices.

Siamo spiacenti di dovervi informare che a causa di
- mancanza di materia prima
- uno sciopero che ha interrotto la produzione/sta paralizzando le consegne
- un'inattesa domanda degli articoli che richiedete

non siamo in grado di
- eseguire il Vostro ordine per il momento
- consegnare la merce entro il tempo richiesto
- garantire la consegna entro...
- evadere ordini fino al saldo delle precedenti fatture.

b. We regret having to inform you that
   - the discount you ask for is too high
   - the delay in supplying our order is unacceptable.

   We have to ask you
   - to cancel the above order
   - to make the following modifications to our order
   - not to supply us with the order n. ...

   We have to make this request
   - because of economic difficulties/of the weakness of our euro
   - because of a drop of demand for this item
   - because of circumstances beyond our control.

   Siamo spiacenti di doverVi informare che
   - lo sconto che chiedete è troppo alto
   - il ritardo nel fornire il nostro ordine è inaccettabile.

   Dobbiamo chiederVi di
   - annullare l'ordine menzionato
   - fare le seguenti modifiche al nostro ordine
   - non fornirci l'ordine n. ...

   Dobbiamo fare questa richiesta
   - a causa di difficoltà economiche/dell'euro debole
   - per un calo della domanda di questi articoli
   - a causa di circostanze che non dipendono da noi.

## C. Other possibilities/*Proposte alternative*

a. Please send the following articles instead of...

   Mandateci i seguenti articoli invece di...

b. Would you please replace the article with...

   Sostituite l'articolo con...

**D. Apologies/*Scuse***

a. Would you please accept our apologies for the inconvenience caused.

Vogliate accettare le nostre scuse per il disturbo arrecatoVi.

b. We would appreciate a prompt confirmation of our change.

Favorite inviarci una sollecita conferma del nostro cambiamento.

# CIRCULARS
## *(circolari)*

**A. Increase in prices**/*Aumento dei prezzi*

We are writing to inform you that **there will be an increase of** ... % on the prices on our list/**our prices will be raised by** ... % starting from ... as a result of **increased raw material costs**/because of a **substantial rise in labour costs**/because of **adverse exchange rates**.
Under separate cover please find our current price list.

Vi scriviamo per in ormarvi che **ci sarà un aumento del** ... % sui prezzi del nostro listino/**i nostri prezzi aumenteranno del** ...% dal ... a causa **dell'aumentato costo delle materie prime**/a causa di un **notevole aumento del costo della manodopera**/a causa **del cambio sfavorevole**.
In plico separato troverete il nostro listino prezzi aggiornato.

**B. Change of address**/*Cambio di indirizzo*

We wish to inform you/Kindly note that on 1 March **we are moving to another office** on account of a high increase in business/because of our increased turnover/because the old

office proved inadequate to cope with the increasing demand of our products.
Our new address will be...
**There will not be changes in our telex and fax number**/our telex/fax number will be the same.

Desideriamo informarVi/Vogliate prendere nota che il 1° marzo **ci trasferiremo in un altro ufficio** a causa del grande aumento dei nostri affari/aumentato giro d'affari/perché il vecchio ufficio si è dimostrato inadeguato a tenere il passo con la crescente domanda dei nostri prodotti.
Il nostro nuovo indirizzo sarà...
**Non ci saranno cambiamenti nel numero di telex e fax**/il numero di telex e fax sarà lo stesso.

# COMPLAINTS
## *(reclami)*

Dear Mr Vuirot,
I am writing to **complain about** the cotton shirts we have received (our order n. ...).
The order arrived **three weeks after the promised delivery date**. This **has caused serious problems with customers**, who have bought shirts from our competitors.
The **quality** of the blue shirts is **very unsatisfactory** and many of our customers have **returned them**. Finally you sent us twelve red patterned shirts which we did not order and you have not sent 10 plain shirts in assorted colours we ordered.
Please let us have your reaction to this.
We should like to return the faulty shirts and the red ones **for credit**.
We urgently need to place a large order but you must promise that the order **will be executed promptly and correctly**.
Yours sincerely

Spettabile Sig. Vuirot,
siamo spiacenti di informarVi che **non siamo soddisfatti** delle camicie di cotone che abbiamo ricevuto (ordine n. ...).
La merce da noi ordinata è arrivata **3 settimane dopo la data di consegna promessa**. Questo **ha causato gravi pro-**

**blemi ai nostri clienti**, che hanno comprato le camicie dai nostri concorrenti.
La **qualità** delle camicie azzurre è **assai insoddisfacente** e molti clienti le hanno **restituite**. Inoltre avete spedito 12 camicie rosse fantasia che non avevamo richiesto e non ci avete mandato le 10 camicie in colori assortiti che Vi avevamo ordinato.
Fateci sapere i vostri commenti.
Desideriamo restituire le camicie difettose e quelle rosse **a credito**.
Abbiamo urgente bisogno di fare un grosso ordinativo ma dovete promettere che **l'ordine sarà eseguito prontamente e correttamente**.
Distinti saluti

## Complaints
## *Come strutturare una lettera di reclamo*

### A. Reference to the order/*Riferimento all'ordine*

a. With reference to your letter of ... we regret to note that...

Con riferimento alla Vostra lettera del ... siamo spiacenti di farvi notare che...

b. We are writing with reference to our order n. ... of...

Vi scriviamo con riferimento al nostro ordine n. ... del...

### B. Reasons for the complaint/*Motivo del reclamo*

**1. delay in delivery**/*ritardo della consegna*

a. The goods we ordered on ... have not yet arrived/have not yet been delivered.

La merce che abbiamo ordinato il ... non è ancora arrivata/non è stata consegnata.

b. While your letter stated the goods would be dispatched within … days of confirmation of order, the goods only arrived yesterday.

Mentre la Vostra lettera affermava che la merce sarebbe stata spedita entro ... giorni dalla conferma dell'ordine, la merce è arrivata solo ieri.

c. When we sent you our order we pointed out that prompt delivery was essential.

Quando Vi abbiamo spedito il nostro ordine avevamo evidenziato che una pronta consegna era fondamentale.

**2. wrong goods; wrong quantity; inferior quality**
*merce sbagliata; quantità sbagliata; scarsa qualità*

On checking/examining/unpacking the consignments we noted that

- the following items were not included in the consignment
- you have sent us the wrong goods
- the goods were not those requested/are different from the ones we asked for
  – are below the standard we expected from the samples
  – do not conform to the sample/pattern/are not up to sample
  – are not the size and shape we ordered
- we received article … while we ordered art. …

Controllando/esaminando/aprendo i pacchi abbiamo notato che

- i seguenti articoli non erano compresi nella partita
- avete spedito la merce sbagliata
- la merce è diversa da quella che abbiamo ordinato perché
  – è inferiore allo standard che ci aspettavamo dal campione

– non è conforme al campione
– non è della misura e forma richiesta

- abbiamo ricevuto l'articolo ... invece dell'articolo...

**3. missing articles**/*articoli mancanti*

a. 10 items of art. ... were missing and 2 are defective.

10 pezzi dell'articolo ... mancavano e 2 sono difettosi.

b. Several items on your invoice have not been included. We enclose a list of the missing articles.

Parecchi articoli non sono stati inclusi nella Vostra fattura. Accludiamo una lista degli articoli mancanti.

c. There is a discrepancy between the packing list and your invoice: 25 bowls are correctly entered on the invoice but there are only 20.

C'è una differenza tra la lista e la fattura: 25 ciotole sono registrate correttamente sulla fattura ma ce ne sono solo 20.

**4. damaged goods**/*merci danneggiate*

a. We have to complain about the way in which the consignment just received has been packed.

Non siamo soddisfatti del modo in cui la merce appena ricevuta è stata imballata.

b. On unpacking the cases we noticed that the goods were damaged in transit/smashed/crushed/faulty/inadequately packed.

Aprendo i pacchi abbiamo notato che la merce è stata

danneggiata/sfasciata/schiacciata durante il viaggio/era difettosa/imballata in modo inadeguato.

c. The cartons appear to have been roughly handled during loading or discharging.

Sembra che gli scatoloni siano stati maneggiati malamente durante il carico o lo scarico.

**5. incorrect documentation**/*errori di fatturazione*

a. You invoiced ... instead of ... as per our order and shipment.

Avete fatturato ... invece di ... come da nostro ordine e spedizione.

b. 4 articles have been charged twice.

4 articoli sono stati fatturati due volte.

c. Article 41 is priced £ 21 instead of £ 12.

Il prezzo dell'articolo 41 è di 21 £ invece di 12 £.

d. The total is £ ... and not £...

Il totale è ... £ non ... £

e. The 10% discount agreed upon has not been taken into consideration.

Lo sconto del 10% che era stato concordato non è stato preso in considerazione.

**C. Action to be taken**/*Proposta soluzioni e/o sollecito*

a. We request that you despatch the goods immediately as they are urgently needed/Please arrange for immediate despatch of the missing articles.

Vi chiediamo di spedire le merci immediatamente perché sono richieste con urgenza/Provvedete alla spedizione immediata degli articoli mancanti.

b. Please note that unless we receive the goods within the next few days you must consider our order as cancelled.

Prendete nota che, se non riceveremo la merce entro pochi giorni, l'ordine dovrà essere considerato annullato.

c. Despite the inferior quality, we are prepared to accept the consignment, provided you grant us a 10% discount.

Nonostante la qualità inferiore, siamo comunque disposti ad accettare la merce, purché ci concediate uno sconto del 10%.

d. We are willing to accept the goods on a sale or return basis.

Siamo disposti ad accettare la merce in conto vendita.

e. As the goods do not meet our requirements, we are returning them to you and ask you to let us have the right articles as soon as possible.

Dal momento che la merce non soddisfa le nostre esigenze, ve la rimandiamo e Vi chiediamo di farci pervenire quanto prima gli articoli giusti.

f. We should be glad if you would investigate the matter and let us have the missing articles.

Saremmo lieti se voleste fare indagini in proposito e farci avere gli articoli mancanti.

**D. Closing sentences/***Conclusioni*

a. Would you please pay more attention in carrying out our orders.

Per favore, fate più attenzione nell'eseguire gli ordini.

b. Please let us know your decision on the matter/if you agree to our proposal.

Fateci sapere la Vostra decisione in merito/se siete d'accordo con la proposta.

c. We regret that, unless we hear from you by return, we shall be obliged to cancel the order/to take legal action.

Siamo spiacenti di comunicarvi che, se non riceveremo vostre notizie a stretto giro di posta, saremo obbligati ad annullare l'ordine/adire a vie legali.

## Reply to a complaint
## *Come strutturare la risposta a un reclamo*

**A. Reference to the complaint/***Riferimento al reclamo*

a. We were very sorry to receive your letter of complaint/to learn from you that there were errors...

Siamo stati molto spiacenti di ricevere la Vostra lettera di reclamo/di venire a sapere che c'erano errori...

b. We are replying to your letter of complaint about...

Rispondiamo al Vostro reclamo circa...

**B. Explanation**/*Spiegazione*

**1. delivery**/*consegna*

a. We are extremely sorry for the delay which was due to
- a strike
- circumstances beyond our control
- an unexpected demand
- a breakdown of a machine
- an oversight of our packing dept.

Siamo molto spiacenti per il ritardo dovuto a
- uno sciopero
- circostanze che non dipendono da noi
- una domanda inaspettata
- la rottura di una macchina
- una svista nel reparto imballaggio.

b. The goods are already on their way and the documents were duly handed to the bank.

Le merci stanno già arrivando e i documenti sono stati consegnati alla banca.

**2. wrong goods**/*merci sbagliate*

a. The mistake was due to an oversight/mix up in the despatch department while making up your order.

L'errore è stato dovuto a una svista/confusione nel reparto spedizione mentre veniva evaso l'ordine.

b. Because one of the cases of another shipment got mixed up with yours and vice versa.

Perché una delle casse di un'altra spedizione è capitata con la Vostra e viceversa.

**3. damaged goods**/*merci danneggiate*

a. We have immediately informed our insurance company and they are sending a surveyor to check the damage.

Abbiamo subito informato la nostra assicurazione che manderà un perito a controllare il danno.

b. We are willing to replace the goods at no extra cost for you.

Siamo disposti a sostituire la merce senza costi aggiuntivi.

c. A replacement has been sent and it will reach you within … days.

Abbiamo già provveduto a sostituire la merce che Vi perverrà entro … giorni.

d. As soon as we received your letter of complaint, we got in touch with the packers and asked them to look into the matter.

Non appena abbiamo ricevuto il reclamo, ci siamo messi in contatto con gli imballatori e abbiamo chiesto loro di indagare.

e. The packers do not agree that there is any defect in the material used and say the cases must have been subject to a rough handling.

Gli imballatori non sono d'accordo che ci sia un difetto nel materiale usato e sostengono che le casse sono state maneggiate senza cura.

**4. incorrect documentation**/*errori di fatturazione*

a. We did not grant you the discount mentioned because it applied only to larger quantities.

Non abbiamo concesso lo sconto menzionato perché si riferiva solo a quantità maggiori.

b. The problem was due to a clerical error/a computer error.

Il problema è dovuto a un errore dell'impiegato/del computer.

**C. Solution proposed**/*Soluzione proposta*

a. Here enclosed please find a credit note for the sum in question/a new invoice with the correct figures.

Qui acclusa troverete una nota di credito per la somma in questione/una nuova fattura con le cifre giuste.

b. We are willing to offer/allow a 10% discount.

Siamo disposti a concedere uno sconto del 10%.

c. We agree to leave you the items on a sale or return basis.

Siamo d'accordo a lasciarvi gli articoli in conto vendita.

d. We are prepared to take the whole consignment back at our expense.

Siamo disposti a ritirare la merce a nostre spese.

**D. Apologies and hopes for the future**/*Scuse e speranze per il futuro*

a. We are very sorry for the inconvenience caused by our mistake and hope that such an accident will not happen again.

Siamo molto spiacenti per il disturbo arrecatovi a causa del nostro errore e speriamo che un simile inconveniente non debba più verificarsi.

b. I can assure you that this will never happen again and look forward to receiving your next order.

Posso assicurarvi che questo non succederà più e aspettiamo il Vostro prossimo ordine.

c. Kindly accept our apologies.

Accettate le nostre scuse.

# REMINDER
# *(sollecito di pagamento)*

Dear Sirs,
In going through our books we noted that our **invoice amounting to** £ ... and which, according to the terms agreed upon, **was due on** ..., **has not yet been paid**. Kindly **remit us a cheque for said amount**.

Spettabile ditta,
Controllando i nostri libri contabili abbiamo notato **che la nostra fattura che ammonta a** ... £ e che, secondo i termini stabiliti, **doveva essere pagata il** ..., **non è stata ancora saldata. Fateci avere un assegno per questa somma**.

## *Reminder*
## Come strutturare un sollecito di pagamento

**A. Reference to outstanding account**/*Riferimento a conto in sospeso*

a. We noticed that our invoice n. ... is still outstanding.

Ci siamo accorti che la nostra fattura n. ... è ancora inevasa.

b. We are sorry to have to remind you that settlement for order n. ... has not yet been received.

Siamo spiacenti di dovervi ricordare che non ci è ancora pervenuto il saldo dell'ordine n. ...

**B. Reference to previous reminder**/*Riferimento al primo sollecito*

We regret to inform you that our letter of ... requesting payment of order n. ... has not yet been answered.

Siamo spiacenti di dovervi informare che non avete ancora risposto alla nostra lettera che richiedeva il pagamento dell'ordine n. ...

**C. Request for payment**/*Richiesta di pagamento*

a. We would be grateful if you could forward the amount on the invoice enclosed as soon as possible.

Vi saremmo grati se poteste farci avere quanto prima l'ammontare della fattura qui acclusa.

b. The amount is overdue and we would appreciate immediate payment.

Il termine del pagamento è scaduto e Vi chiediamo di provvedere sollecitamente al saldo.

**D. Notification of steps taken or to be taken**/*Notifica dei passi fatti o da fare*

a. Unless we receive full payment by ... we will seek legal action.

Se non riceveremo il saldo entro ... adiremo a vie legali.

b. If payment is not made within ... days, we shall instruct our solicitors to recover the outstanding amount.

Se il pagamento non sarà eseguito entro ... giorni, daremo ordine ai nostri avvocati di recuperare la somma in sospeso.

**E. Hope for positive settlement**/*Speranza di risolvere la faccenda amichevolmente*

We look forward to receiving your remittance by the said date and hope that this problem will not hinder our business dealings in the future.

Attendiamo di ricevere il saldo entro la data citata e speriamo che questo problema non ostacoli le nostre trattative future.

# WRITING PERSONAL LETTERS

*corrispondenza privata*

| | |
|---|---|
| 52 Stanford Court<br>London SW9 3SB | **sender's address**/mittente |
| 12 May | **date**/data |
| Dear Miss Brown | **salutation**/saluto iniziale |

I am writing to you to let you know that as agreed before we are coming to London next weekend and we will be pleased to spend some hours together with you.
Looking forward to meeting you at the airport; I remain

**text**/testo

| | |
|---|---|
| Yours sincerely | **complimentary close**/saluti |
| Christine Coxot | **signature**/firma |

La lettera privata può essere formale o informale. L'indirizzo del mittente, la data e il testo sono impostati in modo identico a quello delle lettere commerciali (*vedi* pag. 8). Il saluto iniziale e la formula di chiusura variano a seconda del tono della lettera (formale o confidenziale).

| **SE SI INIZIA CON...** | **SI TERMINA CON...** |
|---|---|
| Dear Mr/Miss/Mrs/Ms Taylor | Yours sincerely |
| Dear/My dear/Dearest Mary | Love/With love from/<br>Kisses/Best Wishes/<br>Bye for now |

# INVITATIONS
## *(inviti)*

Dear Maggie,
**Thanks** a lot for your letter. I'm so happy/delighted to hear you are coming to England so I hope you'll be able to come and see us. Don't forget we have a spare room so it is not a problem for us **to put you up** for as long as you like.
Please write soon so we **can arrange everything**.
Love

Cara Maggie,
**Ti ringrazio** per la tua lettera. Sono felice di sapere che verrai in Inghilterra e spero che tu possa venire a trovarci. Ricordati che abbiamo una stanza per gli ospiti, per cui possiamo **offrirti ospitalità** per tutto il tempo che vorrai. Scrivi subito, così avremo il tempo di **organizzarci**.
Con affetto

## Invitation/*Invito*

**A. … To a party**/*A una festa*

a.

Mr and Mrs Kevin O'Brian
request the pleasure of the company of/
request the company of
Mr and Mrs Joseph Warson
for a **dinner/garden party/birthday party** at their home/
to join the celebration of their anniversary
on Saturday 21 May 2004
at 8:30

R.S.V.P. **black tie/evening dress**

I Sig.ri O'Brian hanno il piacere di avere come ospiti i Sig.ri Warson per **cena/ una festa in giardino/una festa di compleanno** a casa loro/per festeggiare il loro anniversario
Sabato 21 maggio 2004 alle ore 20.30
R.S.V.P. **È gradito l'abito scuro/da sera**

b. Dear Mary and George,
My husband and I **will be happy to have you among our guests** for dinner/for a party/an outdoor gathering next Saturday at 8 o' clock **to celebrate our 25th wedding anniversary**.

Cari Mary e George,
Mio marito e io **saremo felici di avervi fra i nostri ospiti** per cena/una festa/una riunione all'aperto sabato prossimo alle ore 20 **per festeggiare il nostro 25esimo anniversario di matrimonio.**

**B. ... To a pizza party**/*Per una pizza in compagnia*

a. I have invited some old school friends for a pizza party on Friday 11 March at 6 p.m. at Pizzaland. **Will you join us?** There will be most of our class so I'm sure **we'll have a great time** together. **I look forward to meeting you.**
Best wishes/Love/Lots of love/Kisses/Bye for now/Cheers

Ho invitato alcuni vecchi compagni di scuola a mangiare una pizza venerdì 11 marzo alle 18 a Pizzaland. **Vieni anche tu?** Ci sarà la maggior parte della nostra classe per cui sono sicura che **ci divertiremo moltissimo** insieme. **Spero di vederti.**
Tanti saluti/Ciao/Bacioni/Ciao per adesso/Saluti

b. Please come to my pizza party on Saturday from 7 to 12 o' clock at 34, Brighton Road.

Vieni al mio pizza party sabato dalle 19 a mezzanotte a Brighton Road 34.

**C. ... To a surprise party**/*A una festa a sorpresa*

On 12 March John will reach the old age of 40!
To celebrate the fact, I'm arranging a **surprise party** for him at Freddie's, 19 Henley Street, and would like you to come along. There will be a buffet supper and drinks as well as dance music.
If you can come, please be there by 7:45, as I'll arrive with John at 8:00 p.m. and would like to have everyone there before us.
John thinks that we are just going to the restaurant for a quiet candlelit dinner and I would really like to keep it that way - so if you see him please don't say anything. I would be grateful if you could reply to our neighbour's address above as I obviously can't have any replies arriving at home!
Hope to see you on the 12th.

Il 12 marzo John raggiungerà la veneranda età di 40 anni!
Per festeggiarlo, sto organizzando una **festa a sorpresa** da Freddie's in Henley Street 19, e avrei piacere di averti fra noi. Ci sarà da mangiare e da bere oltre alla musica da ballo.
Se puoi venire, cerca di essere lì entro le 19.45, perché io arriverò con John alle 20 e vorrei che tutti fossero presenti prima di noi. John pensa di andare semplicemente al ristorante per una cena a lume di candela e vorrei che le cose restassero così, per cui se lo vedi ti prego di non dirgli niente. Ti sarei grata se potessi dare una risposta alla nostra vicina di casa poiché chiaramente non posso ricevere risposte a casa!
Spero di vederti il 12.

**D. ... To a children's party**/*A una festa di bambini*

a. Do you like parties? So you are invited. Please come! We'll have fun!

b. It's a surprise party! You can't miss it!

c. It's party time – Dear Susan please come to my party on ... at...

d. Parties are great! Parties are fun! And this comes to say you are invited to one.

e. I'm having a party and I'd like you to come.

a. Ti piacciono le feste? Eccoti l'invito. Ti prego, vieni. Ci divertiremo!

b. È una festa a sorpresa! Non puoi mancare!

c. È tempo di fare una festa. Cara Susan, vieni il… alle...

d. Le feste sono belle! Alle feste ci si diverte! E questo biglietto ti invita a una festa…

e. Darò una festa e mi farebbe piacere che tu venissi.

**E. ... To a wedding/***A un matrimonio*

John and Marion Murray
Have pleasure in inviting
Hellen and Alex
To the marriage of their daughter
Louise to Frank
At St. James's Church, Bath
On Saturday 24 May at 11:00
And to the reception at the Savoy Hotel
R.S.V.P.

John e Marion Murray hanno il piacere di invitare Hellen e Alex al matrimonio della loro figlia Louise con Frank alla St. James's Church, Bath, sabato 24 maggio alle 11.00 e al pranzo all'Hotel Savoy
R.S.V.P.

**F. ... To a house warming party**/*Per l'inaugurazione di una casa*

Dear Penny,
Just a few lines to invite you and Manuel to the party we are having next Friday at 7 p.m. in our new house **to celebrate our new home**.
The phone hasn't been installed yet, that's why I'm writing.
**If you can't make it, please drop me a line or ring me at the office.** Bring a bottle of wine! Love

Cara Penny,
Solo poche righe per invitare te e Manuel alla festa che daremo venerdì prossimo alle 19 a casa nostra **per festeggiare la nostra nuova casa**.
Il telefono non è stato ancora installato per cui ti scrivo.
**Se non riesci a venire, scrivimi o telefonami in ufficio.**
Porta una bottiglia di vino! Ciao

**G. ... To the opening of...**/*Per l'inaugurazione di...*

Mr and Mrs John Brown are kindly invited to the **opening of a new branch** of Evelyn & Cluist at 5, Brandon Road on Monday 22 October at 6 o' clock.

Il Signore e la Signora Brown sono invitati **all'inaugurazione della nuova filiale** di Evelyn & Cluist in Brandon Road 5 lunedì 22 ottobre alle ore 18.00.

**H. ... To a concert**/*A un concerto*

The manager of Brosh & Sons will be happy to have you and your wife among our guests **for the concert that will be held** at the Barbican Centre on Saturday 9 February.
**A reply would be appreciated**.

Il direttore della Brosh & Sons è lieto di invitare Lei e Sua moglie **al concerto che si terrà** al Barbican Centre sabato 9 febbraio.
**È gradita una risposta**.

**I. … To a graduation ceremony**/*A una laurea*

The Chairman
invites you to a graduation ceremony at
the Thames Valley University
to be held in the Great Hall, London Road
on Thursday 12 March at 11:30

Il Preside La invita alla cerimonia di laurea all'Università Thames Valley che si terrà nella Great Hall, London Road, giovedì 12 marzo alle 11.30

**L. … To an exhibition**/*A una mostra*

The directors **wish to invite you to their exhibition stand** at Ideacomo **to view their range** of top-quality fabrics – silk, cashmere silk mixture and other natural fibres both printed and yarn dyed for ladies' and men's clothing.
**We hope you will be able to attend** Ideacomo on 11-14 March 1999 and meet Mr Pozzi, who will be at the stand ready to help.

I direttori sono lieti **di invitarLa al loro stand** di Ideacomo per **esaminare la gamma** di stoffe di alta qualità: seta, misti cashmere-seta e altre fibre naturali sia stampate che tinte in filo per abbigliamento donna e uomo.
**Speriamo che possa venire** a Ideacomo dall'11 al 14 marzo, dove troverà il Sig. Pozzi, che sarà a disposizione.

## Informal invitation added to a letter
## *Invito informale allegato a una lettera*

After the meeting my husband and I **would like you to join us** to go and hear the concert/see the play/opera. **I have got tickets for the 8:00 performance**, which would give us time to have something to eat before it starts.

Dopo la riunione mio marito e io **avremmo piacere che venisse con noi** al concerto/a vedere la commedia/l'opera. **Ho i biglietti per lo spettacolo delle 20.00**, il che ci consentirà di fare uno spuntino prima dell'inizio dello spettacolo.

**1. Positive reply**/*Risposta positiva*

a. It was very kind/nice of you to invite me/us to ... on ... I/we'll be very happy to meet you and I am/we are looking forward to it/to seeing you again.
Love

È stato molto gentile da parte vostra invitarmi/ci a ... il ... Sarò/Saremo molto lieti di incontrarvi e non vedo/ vediamo l'ora di rivedervi.

b. We are pleased/happy to accept your invitation for dinner/the concert/the opening of ... and look forward to it.

Siamo felici di accettare il Vostro invito per la cena/il concerto/l'inaugurazione del ... A presto.

c. My husband and I are delighted for your invitation and we will be happy to be among your guests next Monday/are looking forward to your concert next Saturday.

Mio marito e io siamo felicissimi del Vostro invito e saremo lieti di essere tra i vostri ospiti lunedì prossimo/verremo con vero piacere al concerto sabato prossimo.

**2. Negative reply**/*Risposta negativa*

a. My wife/husband and **I are so sorry that we cannot have dinner** with you/**come to your gathering**/be at your wedding, but unfortunately I **am on duty** on that

date/**we already have an engagement** that evening. You can't imagine **how sorry we are for not being able to meet you**.
It is such a pity because I was looking forward very much to seeing you.

Mia moglie/marito e io **siamo spiacenti di non potere cenare** con Voi/**venire alla Vostra riunione/**essere al Vostro matrimonio, ma sfortunatamente **sono di servizio** quel giorno/**abbiamo già un impegno quella sera**. Non potete **immaginare quanto siamo spiacenti di non potervi incontrare**. È un peccato perché avevo proprio voglia di vedervi.

b. We regret/we are sorry that owing to/because of a previous engagement we cannot accept/we are unable to accept your invitation.

Ci dispiace/siamo spiacenti che a causa di un precedente impegno non possiamo accettare il Vostro invito.

# THANKS – CONGRATULATIONS GREETINGS – CONDOLENCES INTRODUCTIONS *(ringraziamenti – congratulazioni auguri – condoglianze presentazioni)*

## Thanks/*Ringraziamenti*

We thank you all for the beautiful dinner/garden party/tea party/concert/hospitality and for your kindness which we appreciated very much.

Vi ringraziamo tutti per la magnifica cena/festa in giardino/tè/concerto/ospitalità e per la gentilezza che abbiamo apprezzato moltissimo.

**A. Hospitality**/*Ospitalità*

a. Dear Mrs O'Brien,
I want to **thank** you and your husband again **for your kindness** and for what you have done for me during my stay in Cambridge.
It was **very kind of you to show/drive me around** the beautiful countryside and to **make me feel at home**.
I hope that next summer/year/one day I'll be able to do the same for you here in Italy.
Looking forward to seeing you soon and thanking you again, I remain
Yours sincerely

Cara Signora O'Brien,
desidero **ringraziare** lei e suo marito **per la gentilezza** e per tutto quello che avete fatto per me durante il mio soggiorno a Cambridge.
**È stato gentile da parte vostra farmi visitare** la vostra bellissima campagna e **farmi sentire come a casa**. Spero che l'estate/anno prossimo/un giorno potrò fare lo stesso per voi qui in Italia. Sperando di vedervi presto e ringraziandovi di nuovo, vi saluto cordialmente.

b. Thank you very much for your hospitality and kindness. It was very kind of you **to put me up for the weekend** and show me around town – I really enjoyed the tour of the area and the delicious meal you prepared the evening I arrived.
**I hope I can return your kindness** and see you in Florence for your next holidays.
Many thanks to both of you for such a beautiful stay in England.
Love

Vi ringrazio per la vostra ospitalità e gentilezza. È stato gentile da parte vostra **ospitarmi durante il weekend** e portarmi a vedere la città. Ho apprezzato moltissimo il giro della zona e la cena deliziosa che avete preparato la sera in cui sono arrivata.
**Spero di poter contraccambiare la vostra gentilezza** e di vedervi a Firenze durante le prossime vacanze.
Mille grazie a tutti e due per il magnifico soggiorno in Inghilterra. Con affetto

**B. Gifts**/*Regali*

a. Dear Grandma,
I've just received the wonderful **present/gift** you sent me for my birthday. I thank you very much for

the bag. I had been looking for it for a very long time but always put off the purchase. Now I have it at last! Thanks again.
Love

Cara nonna,
ho appena ricevuto il bellissimo **regalo** che mi hai spedito per il mio compleanno. Ti ringrazio moltissimo per la borsetta. La cercavo da molto tempo ma ho sempre rimandato l'acquisto. Adesso ce l'ho! Grazie ancora.
Con affetto

b. Dear Mrs Green,
We've just opened the beautiful **wedding gift** you sent us and we thank you very much for it. As soon as we get back from our honeymoon we'll be happy to invite you and your daughter to have tea with us!
Yours sincerely

Cara Signora Green,
abbiamo appena aperto il bellissimo **regalo di nozze** che ci ha spedito e la ringraziamo moltissimo. Non appena ritorneremo dalla luna di miele, saremo lieti di invitare lei e sua figlia a prendere il tè da noi.

## C. Condolences/*Condoglianze*

I should like to thank you for your kind letter of condolence on ... 's death. We **have all been comforted by** the kind letters we have received. **The affection and esteem** in which you held her/him **has helped us in this difficult moment**.

Desidero ringraziarla per la sua gentile lettera di condoglianze per la morte di... Le lettere gentili che abbiamo ricevuto **sono state un conforto per noi tutti. L'affetto e**

**la stima** di cui ... godeva **ci hanno aiutato in questo momento difficile**.

**D. Service rendered**/*Degenza ospedaliera*

Now that I am home from hospital, I want to write and thank you for making my stay in hospital such a comfortable one.
The dedication of you and your team and the kindness of the sisters and nurses at St. Andrews' were unequalled. Your professionalism and efficiency were always evident and were of great help to all the patients.
With my grateful thanks and best wishes to you all, I remain

Ora che sono tornato a casa dall'ospedale, voglio scrivere per ringraziarla di avere reso confortevole il mio soggiorno in ospedale. La dedizione sua e della sua équipe e la gentilezza delle suore e delle infermiere del St. Andrews' sono state impareggiabili. La professionalità ed efficienza – sempre evidenti – sono state di grande aiuto a tutti i pazienti.
Ringrazio e porgo distinti saluti

## Congratulations/*Congratulazioni*

**A. On the birth of a baby**/*Per la nascita*

a. **We want to congratulate you on the birth of your new baby (baby boy/baby girl)** and wish you all happiness in the future.

**Vogliamo congratularci per la nascita del vostro bambino/a e vi auguriamo ogni felicità** per il futuro.

b. **It was a pleasure to hear that you are the proud father/mother of a new baby. Congratulations and best wishes to all of you.**

**Ho saputo con piacere che sei diventato papà/mamma/che hai avuto un bambino. Congratulazioni e i nostri migliori auguri a tutti voi.**

### B. On a degree/*Per la laurea*

a. **Congratulations** on your degree with flying colours. We all wish you happiness and a satisfying career.

**Congratulazioni** per la tua laurea con il massimo dei voti. Ti auguriamo tutti felicità e una fulgida carriera.

b. **Well done** Thomas! You are a doctor/dentist/engineer/lawyer/solicitor now! Good luck for a long and satisfying career from all of us!

**Complimenti** Thomas! Sei diventato dottore/dentista/ingegnere/avvocato/avvocato civilista! Buona fortuna per una lunga carriera piena di soddisfazioni!

### C. On exams/*Per gli esami*

Congratulations on passing your exams/your driving test.

Complimenti per avere superato gli esami/l'esame di guida.

### D. On a promotion/*Per un avanzamento di carriera*

a. It was with great pleasure that I learned of **your appointment as Chairman of** MacGraw & Bros. You

really **deserved this advancement** thanks to your hard work and initiative in all these years.
I wish you all the best/every success/the best of luck for your future.

È con vero piacere che ho saputo della tua **designazione a Presidente della Ditta** MacGraw & Bros. Ti sei **veramente meritato questa promozione** per impegno e iniziativa durante tutti questi anni.
Ti auguro il meglio/successo/fortuna per il futuro.

b. I want to let you know I am pleased for your promotion that you really **have deserved for your trustworthiness, capability and hard work**.

Desidero farti/le sapere che sono molto contento per la **promozione, che hai/ha veramente meritato per la tua/sua affidabilità/capacità e impegno**.

## Greetings/*Auguri*

**A. Birthday**/*Compleanno*

**You are 15 now! Happy birthday to you!**
Many happy returns of the day!

**Hai compiuto 15 anni! Buon compleanno!**
Tanti auguri!

**B. Christmas-New Year**/*Natale-Anno Nuovo*

**Merry Christmas and a Happy New Year** to all the family.
We send you good wishes for Christmas and the New Year. We hope to see you soon.

**Buon Natale e felice Anno Nuovo** a tutta la famiglia. Vi mandiamo affettuosi auguri per Natale e l'Anno Nuovo. Speriamo di vederci presto.

**C. St. Valentine**/*San Valentino*

When it comes to love, I never know what to say... **Happy Valentine's Day**.

Quando devo parlare d'amore non so mai cosa dire... **Auguri di San Valentino**.

**D. Wedding**/*Matrimonio*

a. We were so pleased to receive the **announcement of your wedding** and we want to **wish you happiness for a long and blissful marriage**.

Siamo stati felicissimi di ricevere **l'annuncio delle vostre nozze** e desideriamo **augurarvi un lungo e felice matrimonio**.

b. Robert and I were so happy to hear about your wedding. We both wish you the best in life and **look forward to drinking to your health on your wedding day**. We don't want to miss it!
Love from...
P.S. Let us know where your wedding list is.

Roberto e io siamo stati davvero felici della notizia del vostro matrimonio. Vi auguriamo tutto il meglio possibile e **siamo ansiosi di brindare alla vostra felicità il giorno del matrimonio**. Non mancheremo!
Bacioni da...
P.S. Fateci sapere dove avete fatto la lista di nozze.

***Telegram****/Telegramma*

Congratulations and good wishes for many happy days of life together.

Congratulazioni e tanti auguri per molti anni felici insieme.

**E. Exams***/Esami*

Good luck for your exam from all of us. We have got our fingers crossed for you!

Buona fortuna per il tuo esame da parte di noi tutti. Facciamo il tifo per te!

**F. New job***/Nuovo lavoro*

It's a pity you are leaving us. Good luck in your new job! We will all miss you!
Sorry you're leaving! We don't know how we'll replace you!

È un peccato che tu ci lasci. Buona fortuna per il tuo nuovo lavoro! Sentiremo la tua mancanza!
Peccato che tu stia andando via! Non so come riusciremo a rimpiazzarti!

**G. To a person who is ill***/A un malato*

a. I learn that you **have been lying in bed/in hospital** for a long time **for a bad illness/operation**. I **wish you a speedy recovery** and hope to see you among us again as soon as possible.
Get well

Ho saputo **che sei stato ammalato/in ospedale per una brutta malattia/un'operazione**. **Ti auguro una pronta guarigione** e spero di vederti presto di nuovo tra noi.
Auguri

b. **Get well soon**! Hope you are soon back at work!

**Auguri di pronta guarigione**! Spero che ritorni presto al lavoro!

## Condolences/*Condoglianze*

a. I was so sorry to hear/to learn/to read on the paper that your husband/wife/father/mother/son/daughter has died after a long illness/a tragic accident and I **want to express my heartfelt sympathy with you**.

È con vivo rammarico che ho saputo/appreso/letto sul giornale che tuo marito/moglie/padre/madre/figlio/figlia è morto/a dopo una lunga malattia/un tragico incidente e **voglio esprimere le mie più sentite condoglianze**.

b. We were **deeply grieved/shocked** to learn of the death of your mother and **want to express our sincere sympathy for your great loss**. She will be greatly missed by all of us and I shall certainly **miss her kindness** and good humour in all circumstances.
Let us know if we can be of help in any way

Siamo stati **molto addolorati/colpiti** dalla notizia della morte di tua madre e **vogliamo esprimere le nostre più sentite condoglianze per la grande perdita**. Ci mancherà **la sua gentilezza** e il suo buon umore di sempre.

Fateci sapere se possiamo essere di aiuto in qualche modo

***Telegram****/Telegramma*

Sincere sympathy for the sad loss of your father.

Sentite condoglianze per la triste perdita di tuo padre.

## Introduction of a friend
## *Presentazione di un amico*

Dear Mary and George,
I hope you and your lovely children are all well.
The reason why I am writing is that **some of my close friends**, Marion and Kevin Costy, have just moved to San Francisco. They have been my next-door neighbours for over 10 years. Kevin is an engineer working for Microcost. The company have found them a house at 65, Washington Avenue - San Francisco.
As they have no relatives or friends in the States, I said I would write and **ask if you would get in touch with them**. Maybe if you could give them some hints about the area, it would really help them get started! I am sure you'll like them – they are a happy family with three lovely children.
I would be so grateful if you'd do this for me and look forward to hearing how you all get on.
Love

Cari Mary e George,
Spero che voi e i bambini stiate tutti bene.
Vi scrivo perché **due cari amici**, Marion e Kevin Costy, si sono appena trasferiti a San Francisco. Sono stati nostri vi-

cini di casa per più di 10 anni. Kevin è ingegnere e lavora per Microcost. La ditta ha trovato loro una casa in Washington Avenue 65 a San Francisco. Poiché non hanno parenti o amici negli Stati Uniti, ho detto loro che vi avrei scritto **chiedendovi di mettervi in contatto con loro**. Se potete dare loro qualche consiglio sul posto, potrebbe essergli di grande aiuto per iniziare. Sono sicuro che vi piaceranno; sono una bella famiglia con tre bambini deliziosi. Vi sarei veramente grato se poteste fare questo per me. Spero di ricevere presto vostre notizie.
Con affetto

# INTRODUCTIONS – REFERENCES RESIGNATIONS
# *(presentazioni – referenze dimissioni)*

## Introduction of a business associate
## *Presentazione di un socio o di una ditta*

Dear Sirs,
We have great pleasure in introducing/we are glad to introduce Mr Hurt, a partner/sales manager of Messrs Kirt & Hudson, who are our business associates.
Mr Hurt is coming to NY **to establish new contacts**, so we would be grateful if you could assist him/so any help you may give to him **will be greatly appreciated**. We are sure Mr Hurt will **have the opportunity to rely on your judgement and advice**.

Siamo lieti di presentare il Sig. Hurt, un socio/direttore alle vendite della ditta Kirt & Hudson, nostri soci in affari. Egli verrà a NY per **stabilire nuovi contatti**, per cui Vi saremmo grati se poteste essere di aiuto/per cui qualsiasi aiuto gli darete **sarà molto apprezzato**. Siamo **sicuri che il Sig. Hurt potrà contare sul Vostro giudizio e sui Vostri consigli**.

## References/*Referenze*

G.T. is leaving us

- as he/she is moving away from this area. He/She is a **conscientious** member of our team and his/her work has always been excellent.
- because his/her career has advanced as far as possible within our company. He/she has been in charge of our buying department for three years and has been a very **able** and **competent** manager. We have no vacancy higher up so we cannot give him/her the **promotion** he/she **deserves**. We are very sorry to lose him/her and wish him/her every success in the future.
- because our department has been sold. We are very pleased to be able to say that he/she has injected enormous energy in all his/her projects and we **have no hesitation in recommending him/her for your vacancy**.
- because he/she needs a higher salary than we feel able to pay him/her. He/she has been with us for two years and we have always **found him/her trustworthy**.

G.T. ci lascia perché

- si trasferisce da questa zona. È una persona **coscienziosa** e il suo lavoro è sempre stato eccellente.
- ha raggiunto il massimo della carriera nella nostra ditta. Si è occupato/a del reparto vendite per tre anni ed è stato/a un manager molto **capace e competente**. Non abbiamo incarichi a livello più alto per cui non possiamo dargli/le **la promozione che merita**. Ci dispiace molto che se ne vada e gli/le auguriamo successo per il futuro.
- il nostro reparto è stato venduto. Siamo lieti di poter dire che ha infuso entusiasmo in tutti i suoi progetti e **non esitiamo a raccomandarlo/la per il Vostro posto**.
- vuole uno stipendio maggiore di quanto siamo in grado di dargli/le. È da noi da due anni e si è sempre **dimostrato/a degno/a di fiducia**.

## Resignation/*Dimissioni*

It is with much regret that I have to write and inform you of my wish to **resign from my current position**. I have always enjoyed my work with your company but feel that the time has come when I would like to have a job in a new field. **I have been offered a vacancy** locally so I would like **to leave in one month's time, as required by my contract**.

Mi dispiace molto dovervi informare che desidero **dimettermi dal mio attuale posto di lavoro**. Mi è sempre piaciuto lavorare nella Vostra società, ma sento che è giunto per me il momento di fare nuove esperienze. **Mi hanno offerto un posto** in zona, per cui vorrei **lasciare il posto presso di Voi fra un mese, come da contratto**.

# APPOINTMENTS
# *(appuntamenti)*

## Making appointments
## *Fissare un appuntamento*

a. I am planning to be in London next month and was wondering if we could **arrange a meeting to discuss about the new trends**. I'll call you when I arrive **to fix a date**.

Sto progettando di venire a Londra il mese prossimo e vorrei sapere se è possibile **fissare un incontro per parlare delle nuove tendenze**. La chiamerò al mio arrivo **per decidere la data**.

b. Our new Purchasing Manager Mr Tots **would like to meet our top suppliers** in order **to discuss the new trends.**
As he is coming to Italy in June, please let us know/we would be pleased to know if you will be in Venice on the 3rd. We look forward to hearing from you soon/receiving confirmation.

Il nostro direttore alle vendite, il Sig. Tots, **vorrebbe incontrare i fornitori** più importanti per **discutere delle nuove tendenze**. Dal momento che verrà in Italia in giugno, fateci sapere/vorremmo sapere se lei sarà a Venezia il 3. Restiamo in attesa di ricevere presto sue notizie/la sua conferma.

c. I should like very much **to talk things over with you personally**, as I think the **various points can be settled more speedily at a meeting**. If you suggest a time, I **will arrange my own appointments** to fit in yours.

Mi farebbe molto piacere **parlare con lei personalmente**, poiché ritengo che i **vari punti possano essere definiti più rapidamente in un incontro**. Se mi vorrà indicare una data, **fisserò i miei appuntamenti** in modo da combinarli con i suoi.

## Confirming an appointment
## *Confermare un appuntamento*

a. Thank you for your letter of/With reference to your letter ... in which you inform me of the visit, I shall be in town on ... so please **call at my office** so we can talk things over with you.

La ringrazio per la lettera del .../Con riferimento alla lettera in cui ci informa della sua visita, sarò in città il... Pertanto se vorrà **cercarmi in ufficio**, potremo discutere dei vari problemi.

b. With regards to Mr ... 's trip you informed us about in your letter of ... , it will be a great pleasure for me to meet you on... /I shall be very happy to see you on ... as suggested.

Con riferimento al viaggio del Sig. .... di cui ci avete informato nella Vostra lettera, sarà un grande piacere per me incontrarVi il ... /sarò lieto di incontrarVi il ... come proposto.

## Cancelling an appointment
## *Annullare un appuntamento*

Following/With reference to our telephone conversation I am sorry **I will not be able to keep the appointment** I made for 1 May. I **apologize for the inconvenience this may cause** and shall get in touch with you as soon as I return to London.

Facendo seguito/Con riferimento alla nostra telefonata, **mi dispiace di non poter mantenere l'appuntamento** che ho fissato per il 1° Maggio. **Mi scuso per il disagio che ciò può causare**. Mi metterò in contatto con Voi non appena ritornerò a Londra.

# JOB APPLICATIONS
# LANGUAGE COURSES
# *(domande di lavoro – corsi di lingua)*

## Applying as an au-pair
## *Domanda di lavoro come ragazza alla pari*

*Experienced au-pair required by friendly family with two children and a new-born baby. 3 afternoons and evenings free. Light housework. Non-smoker. Driving licence is essential.*

*Cercasi ragazza alla pari esperta per famiglia con due bambini e neonato. 3 pomeriggi e sere liberi. Piccoli lavori domestici. Non fumatrice. Indispensabile patente.*

Dear Mrs Howard/Dear Madam,
I read your advert/ad on the "Evening Telegraph" and I want **to apply for** the au-pair post. I am 22 years old, single, and I would like to come to England to improve my English, as I want to be an interpreter.
I hear you are looking for an experienced au-pair to **look after your children, take them to school, help with light housework**.
Well, I think I am the person you are looking for; in fact I am very **fond of children**: I like to play with my little brothers and **tell them stories**.
I have **a driving licence** so I can take them everywhere – to

the swimming pool if you like (I am a professional lifeguard!); I can **baby-sit in the evening** and I don't mind doing housework **like washing up**...
Last summer I worked as an au-pair in Grenoble, so if you want more information about me, you **can apply to Madame** T.I. who will be happy **to supply references as to** my honesty and ability.
I hope **you'll take my application into consideration** and **look forward to having a reply from you**.
Yours sincerely

Gentile Signora Howard/Gentile Signora,
Ho letto il suo annuncio sull'"Evening Telegraph" e desidero **far domanda per** il posto di ragazza alla pari. Ho 22 anni, sono single e vorrei venire in Inghilterra per migliorare il mio inglese perché voglio fare l'interprete.
Ho letto che cercate una ragazza esperta per **badare ai bambini, portarli a scuola e aiutare a fare piccoli lavori domestici**. Penso di essere la persona adatta perché **amo** molto **i bambini**: mi piace giocare con i miei fratellini e **raccontare loro favole**. Ho **la patente** per cui posso portarli ovunque – in piscina se lei vuole (ho il brevetto di bagnino) – , posso **badar loro alla sera** e non ho problemi **a fare lavori domestici come lavare i piatti**... L'estate scorsa ho lavorato alla pari a Grenoble per cui se vuole ulteriori informazioni su di me, **può rivolgersi alla Sig.ra** T. I. che sarà felice di **darle referenze riguardo** alla mia onestà e capacità. Spero **che la mia domanda sia presa in considerazione e resto in attesa di una sua risposta**. Distinti saluti

## Reply/*Risposta*

Dear ...,
we have just received your letter for which we thank you. My husband and I **would like you to work for us starting**

**on** 1 June. We are a young friendly family and you will be part of our family, sharing whatever we do. You will be able **to attend evening classes** which are held twice a week at a school just round the corner if you like.
Please let us know when you arrive so we **can come and pick you up at the airport**.
We all look forward to meeting you. See you soon.
Love

Cara ...,
abbiamo appena ricevuto la tua lettera di cui ti ringraziamo. Mio marito e io **avremmo piacere che tu cominciassi a lavorare da noi a partire** dal 1° giugno. Siamo una famiglia giovane e tu ne farai parte condividendo quanto facciamo. **Se vorrai potrai frequentare un corso serale** che si tiene due volte la settimana presso una scuola qui vicino.
Facci sapere quando arrivi, così possiamo **venirti a prendere all'aeroporto**. Ti aspettiamo. A presto. Saluti

## Inquiry about courses at a language school
## *Richiesta di informazioni sui corsi in una scuola di lingue*

Dear Sirs,
As I'm planning to go to London for 3 weeks in July to brush up my English, I'd like to **have information about your courses, dates, fees and if you can supply B&B accommodation in reliable families**.
Awaiting your reply, I remain
Yours faithfully

Gentili Signori,
poiché ho intenzione di venire a Londra 3 settimane in luglio per rinfrescare il mio inglese, vorrei **avere informa-**

**zioni su corsi, date e tariffe. Inoltre vorrei sapere se potete procurarmi una sistemazione (camera e prima colazione) presso una famiglia affidabile**. In attesa di una risposta, porgo distinti saluti

## Reply to an inquiry about courses
## *Risposta*

Dear Mr Lewis,
**With reference to** your inquiry about our courses, we are pleased to **send you here enclosed a brochure/depliant/leaflet with detailed information**.
**The fee is £ 50 a week** for 15 hours a week **of tuition** in the morning. **Accommodation** in a nice selected family – **breakfast and dinner included** – is £ 300 a week.
The school organizes also a **day trip to famous places plus** two discos a week. Admission to the disco is free for all students over 18.
We hope to have you among our students.
Yours sincerely

Egregio Signor Lewis,
**con riferimento alla** sua richiesta di informazioni sui nostri corsi, siamo lieti di **spedirle, qui accluso, un depliant con informazioni dettagliate**. **La tariffa è di £ 50 alla settimana** per 15 ore di **lezioni** al mattino. **La sistemazione** presso una famiglia accuratamente scelta – **colazione e cena compresa** – è di 300 £ alla settimana.
La scuola organizza **una gita di un giorno a luoghi famosi**, **oltre a** due ingressi in discoteca alla settimana. L'ingresso alla discoteca è gratuito per tutti gli studenti che hanno più di 18 anni.
Speriamo di averla tra i nostri studenti. Distinti saluti

# TRAVEL ARRANGEMENTS
# *(organizzazione di un viaggio)*

## Booking a ferry/*Prenotazione traghetto*

- Would you kindly book the following on your **ferry leaving Genoa on** 24 June at 9:50 for Calvi:
  – passage for an Audi 3 Reg: AN 4512AG
  – passage for two adults and three children aged 6-8-12.
- I should like to know **if there are any special discounts for return bookings,** family groups and so on.
  Please **send me confirmation** of the above as soon as possible.
  Yours faithfully

- Vogliate gentilmente prenotare **sul traghetto in partenza da Genova il giorno** 24 giugno alle 9.50 per Calvi:
  – passaggio per un'auto Audi 3 Reg. targa AN 4512AG
  – passaggio per 2 adulti e 3 bambini di 6, 8 e 12 anni.
- Desidererei sapere **se ci sono sconti speciali per prenotazioni di andata e ritorno**, gruppi familiari eccetera.
  Attendo **conferma** delle prenotazioni sopraindicate il più presto possibile.
  Distinti saluti

b. We wish to **make arrangements for the transportation** of a car and two passengers from France to England and we would like **to know the rates for this car-ferry service and how much notice you require for the booking**.

Desideriamo **organizzare il trasporto** di un'auto e due passeggeri dalla Francia all'Inghilterra e vorremmo **conoscere le tariffe per il traghetto e con quale anticipo è necessario prenotare**.

## Booking of a berth on a ship
## *Prenotazione di una cabina su una nave*

Two single, **first-class cabins are required** for two people who will travel to Olbia from Genoa on the 'Seagull' any day between 20-25 June.
**If this accommodation is not available, please let us know what alternative you can offer**.
A prompt reply would be appreciated.

**Si richiedono** due **cabine** singole **in prima classe** per due persone che desiderano andare da Genova a Olbia con il *Seagull* tra il 20 e il 25 di giugno.
**Se questa sistemazione non è disponibile, fateci sapere quale alternativa siete in grado di offrire**. Vogliate rispondere con cortese sollecitudine.

## Booking a seat on the plane
## *Prenotazione di un posto sull'aereo*

Would you please **book a business class aisle seat** for Mr Bridge on a plane leaving London on or about 15 February for Helsinki.
Your bill for the fare and **booking fee will be**

**paid by the** NAT, who have instructions to do so on our behalf.
We thank you in advance for your attention to this matter.

Vogliate gentilmente prenotare **un posto lungo il corridoio in business class** per il Sig. Bridge su un aereo in partenza da Londra per Helsinki il 15 febbraio o intorno a tale data.
Biglietto e **prenotazione saranno pagati dalla** Banca NAT, che ha istruzioni di pagare per nostro conto.
Vi ringraziamo in anticipo per l'attenzione.

## Booking a coach
## *Prenotazione di un pullman*

As we are planning a day trip to Bath on Tuesday 2 July, **a coach seating 45 people is requested on that date**. The **coach should pick up our group** at Marino College, 21 St. John St. at 7 a.m. **The return is scheduled** at 6:30 p.m. on the same day.
A prompt confirmation by fax would be greatly appreciated.

Poiché stiamo organizzando una gita di un giorno a Bath giovedì 2 luglio, **abbiamo bisogno di un pullman da 45 posti** per quella data.
**Il pullman preleverà il gruppo** presso il College Marino, in St. John St., 21 alle 7.00.
Il ritorno è previsto alle 18.30 dello stesso giorno.
È gradita una sollecita risposta via fax.

## Booking admission to a Museum-Exhibition
## *Prenotazione di ingresso a museo-mostra*

Following up our telephone conversation, we want **to confirm our visit with a guided tour to** the Tate

Gallery next Tuesday at 10:30. The party will consist in 35 students aged 15-17 plus two group leaders. **As agreed the price will be £ 2 each.**
Best regards

Facendo seguito alla nostra telefonata, vorremmo **confermare la visita guidata** alla Tate Gallery martedì prossimo alle 10.30. Il gruppo sarà costituito da 35 studenti tra i 15 e i 17 anni oltre a 2 capigruppo. **Come d'accordo il biglietto sarà di 2 £ ciascuno**.
Distinti saluti

## Renting a car/*Noleggio auto*

**A. Inquiry**/*Richiesta informazioni*

As I am planning to rent/hire a car to travel around Britain next summer, I'd like to have **information about the price of an estate car with air conditioning** for a period of 10 days.
I want **to know the charge per day/per week**, if **mileage is included**, if it is **fully insured against all risks** and if I can **collect it at Heathrow Airport and return it** in Edinburgh.
Waiting for a prompt reply with a detailed brochure, I remain
Yours faithfully

Poiché ho intenzione di noleggiare un'auto per viaggiare in Gran Bretagna l'estate prossima, vorrei avere **informazioni sul prezzo di un'auto famigliare con aria condizionata** per 10 giorni.
Desidero **conoscere la tariffa giornaliera/settimanale**, se è **a chilometraggio illimitato, se è assicurata contro ogni rischio** e se posso **ritirarla all'aeroporto di Heathrow e riconsegnarla a** Edimburgo.

In attesa di una sollecita risposta con un depliant dettagliato, la saluto distintamente

**B. Booking a car**/*Prenotazione di un'auto*

Thanks for the detailed information you sent us.
We would like to rent an **automatic saloon car** with **air conditioning or sun roof** for a week starting 13 July.
We want to **have it fully insured against all risks – mileage included**.
Here is my **VISA card** number 123456789 – **expiry date** November 2006.
I'll arrive at Heathrow on Monday 13 at 10 a.m. and I'll pick up the car immediately.
Please **confirm by fax if the car is available**.
Best regards

Vi ringraziamo per le informazioni dettagliate che ci avete spedito.
Vorremmo noleggiare **una berlina con aria condizionata o tetto apribile** per una settimana dal 13 luglio. Desideriamo **un'assicurazione casco e a chilometraggio illimitato**. Il numero della mia **carta VISA** è 123456789 data di **scadenza** novembre 2006. Arriverò a Heathrow lunedì 13 alle 10.00 e ritirerò l'auto immediatamente. **Vogliate confermare via fax se l'auto è disponibile.** Distinti saluti

## Booking a pitch in a campsite
## *Prenotazione di una piazzola in un campeggio*

We thank you very much for the brochure about your campsite.
We would like to **reserve a pitch for a tent/caravan** near the beach/the playground/the swimming pool and not too far from the toilet facilities.
I learn that the **charge per tent is £ 10 per day**. Are there any discounts for long periods?

Waiting for a reply, we remain
Yours faithfully

Vi ringraziamo per il depliant sul campeggio. Vorremmo **prenotare una piazzola per una tenda/roulotte** vicino alla spiaggia/campo giochi/piscina e non troppo lontano dai servizi. Ho visto che **il costo per tenda è di 10 £ al giorno**. Ci sono sconti per lunghi periodi?
In attesa di una risposta, porgo distinti saluti

# HOTEL
# *(albergo)*

## Inquiry about hotels
## *Richiesta di informazioni su un albergo*

a. As we have decided to attend the London Fair, we **require hotel accommodation** from 12 to 17 June. Will you please send me a copy of your brochure and details of **terms for half board** and say if two double rooms and three single rooms are available in that period.

Poiché abbiamo deciso di partecipare alla Fiera di Londra, **cerchiamo una sistemazione in albergo** dal 12 al 17 giugno. Vogliate gentilmente mandarmi una copia del Vostro depliant con i prezzi **per mezza pensione**. Fateci sapere se sono disponibili per quel periodo 2 camere matrimoniali e 3 camere singole.

b. I am planning to come to London/I shall be spending some days in London so I would like to know your rates for the said period/I shall be glad to receive your tariffs and your brochure/we should be grateful if you would send us your leaflet.

Ho intenzione di venire a Londra/Trascorrerò alcuni giorni a Londra, per cui vorrei conoscere i vostri prezzi per questo periodo/sarò lieto di ricevere le vostre tariffe e un depliant/Vi saremmo grati se voleste spedirci il Vostro depliant.

c. Would you kindly send us depliants/brochures quoting the cost of
- **a single room/twin-bedded** room
- **double room plus an extra bed** (a cot)/suite
  - **with bathroom/shower**
  - **bed & breakfast/half board/full board**
  - **in high/low season.**

Vogliate gentilmente spedirci i depliant con i prezzi di
- **camera singola/a due letti**
- **matrimoniale con lettino extra**/suite
  - **con bagno/doccia**
  - **camera e prima colazione/mezza pensione/pensione completa**
  - **in alta/bassa stagione.**

d. Please let us have a copy of your brochure with detailed information about your conference facilities, quoting
- **special rates, service and taxes included**
- **facilities for the handicapped**
- **airport shuttle**
- **fitness facilities**
- **indoor heated swimming pool**
- **tennis court.**

Vi preghiamo di inviarci una copia del Vostro depliant con informazioni dettagliate sui servizi per conferenze, in particolare
- **tariffe speciali, servizi e tasse compresi**
- **strutture per disabili**
- **trasferimento da e per l'aeroporto**
- **palestra**
- **piscina coperta riscaldata**
- **campi da tennis.**

c. Please let us know if you have vacancies from ... to...

Fateci sapere se avete camere libere da ... a...

## Reply/*Risposta*

a. With reference to your inquiry of.../In reply to your letter of.../We acknowledge receipt of your letter of...

Con riferimento alla Vostra richiesta di informazioni del.../In risposta alla lettera del.../Accusiamo ricevuta della Vostra lettera del...

b. Here enclosed you will find our prices/We are pleased/happy to send you/to enclose our current tariffs/rates.

Qui acclusi troverete i nostri prezzi/Siamo lieti di spedirvi/accludere le nostre tariffe aggiornate.

c. We hope to receive your booking/a positive reply/We feel confident you will find our rates competitive and look forward to receiving your reservation.

Speriamo di ricevere una prenotazione/una risposta positiva/Siamo sicuri che troverete le nostre tariffe competitive e speriamo di ricevere la Vostra prenotazione.

## Reserving a table at the restaurant
## *Prenotazione di tavolo al ristorante*

**Would you please reserve a table** in the non-smoking area/near the window/overlooking the lake/sea/outside/on the terrace/in the garden **for five people at 8:30 on Saturday 23 May**.

**Vogliate gentilmente riservarci un tavolo** in una sala per non-fumatori/vicino alla finestra/con vista lago/mare/all'esterno/sul terrazzo/nel giardino/ **per 5 persone alle 8.30 di sabato 23 maggio**.

## Hotel booking/*Prenotazione dell'albergo*

a. We will be visiting/We would like to visit London from 14 to 31 May and we would like to spend our holidays in your hotel.

Visiteremo/Vorremmo visitare Londra dal 14 al 31 maggio e desidereremmo trascorrere le vacanze nel Vostro albergo.

b. Our Sales Manager is coming to London on a business trip/ will be attending a convention which will be held...

Il nostro direttore alle vendite verrà a Londra per affari/ parteciperà a una riunione che si terrà...

c. Would you please reserve a double room with shower facing the sea/the lake for the period mentioned above.

Vogliate riservare una camera matrimoniale fronte mare/lago per il periodo sopra indicato.

d. I should be glad if you would reserve a twin-bedded room at the front/at the back for the night of ... half board/full board.

Sarei lieto se voleste prenotare una camera a due letti sul davanti/sul retro per la notte del ... mezza pensione/pensione completa.

e. We require a single room with private bath and air conditioning.

Abbiamo bisogno di una camera singola con bagno privato e aria condizionata.

f. Please reserve the following rooms at the rates you fixed/at £ ... each per night.
English/Continental breakfast included.

Vogliate prenotare le seguenti camere alle tariffe che avete indicato/a ... £ ciascuna a notte.
Colazione inglese/continentale compresa.

g. As we are planning to hold a conference/a business meeting, we require a conference hall/meeting rooms for up to ... people.
- **a secretarial translating service**
- **computer facilities**
- **restaurant service.**

Stiamo organizzando una conferenza/un incontro d'affari e abbiamo perciò bisogno di un salone per conferenze/sala riunioni della capienza di ... persone.
- **servizio di segreteria e di traduzione**
- **uso computer**
- **servizio ristorante.**

h. We should be grateful if you would send us confirmation as soon as possible.
Please confirm that you are able to reserve this accommodation.
We look forward to receiving a prompt reply/your confirmation.
Hoping to get a prompt reply from you, we remain Yours faithfully.

Vi saremmo grati se voleste spedirci conferma il più presto possibile.
Vogliate confermare se è possibile prenotare questa sistemazione.

Aspettiamo una Vostra sollecita risposta/la Vostra conferma.
Sperando di ricevere una pronta risposta da parte Vostra, Vi porgo distinti saluti.

## Confirmation of booking
## *Conferma di prenotazione*

a. Thank you for your inquiry.
I have **reserved a single room with private bath** for 5 nights from 22 July. The **charge for room, breakfast and evening meal for this period will be £ 200. VAT included**.

Vi ringraziamo per la vs. richiesta di informazioni. Vi abbiamo **prenotato una camera singola con bagno** per 5 notti a partire dal 22 luglio. **Il costo per stanza, prima colazione e cena per questo periodo è 200 £ IVA compresa.**

b. We are pleased to confirm your reservation as follows.../We have taken note of your booking for two rooms from ... to.../As agreed, we have booked...

Siamo lieti di confermare la Vostra prenotazione come segue.../Abbiamo preso nota della Vostra prenotazione per due stanze da ... a.../Come d'accordo, abbiamo prenotato...

## Negative reply/*Risposta negativa*

Thank you for your letter of 23 March.
**I regret our hotel is fully booked** for the period you wish to come. We can offer you accommodation only from 15 July. I hope you can **postpone your visit** and if you would like me to reserve this accommodation, please let me know as soon as possible.

I enclose our tariffs, from which you will see there is **a single room supplement of £ 4.00 per night**.
I look forward to hearing from you soon.

Vi ringraziamo per la Vostra lettera del 23 marzo.
**Siamo spiacenti che** il nostro albergo sia completo per il periodo da Voi scelto. Possiamo offrirvi ospitalità solo dal 15 luglio. Spero che **possiate posticipare la Vostra visita** e se desiderate una prenotazione in questo senso, fatecelo sapere quanto prima.
Accludo le nostre tariffe, da cui potete vedere che **c'è un supplemento di 4.00 £ a notte per la camera singola**.
Resto in attesa di Vostre notizie.

a. Following your letter in which you asked us to book...

Facendo seguito alla Vostra richiesta di prenotazione...

b. We are sorry/We regret that it is impossible to accept your booking/We regret having to tell you that we are fully booked for the period you mention/for the requested period.

Siamo spiacenti ma ci è impossibile accettare la Vostra prenotazione/Siamo spiacenti di informarvi che siamo al completo per il periodo che citate/da Voi richiesto.

c. We have passed your letter to Hotel Ritz who will contact you immediately/We suggest accommodating you in our annexe five minutes' walk from here.

Abbiamo trasmesso la Vostra lettera all'Hotel Ritz che Vi contatterà immediatamente/Vi proponiamo una sistemazione nella nostra *dependance* a cinque minuti da qui.

## Cancelling a hotel reservation
## *Annullamento di prenotazione*

We are writing with reference to our reservation of 12 June for a double room with shower for one week starting 25 August.
Unfortunately, **owing to illness/sudden engagement**, I shall not be able to travel and I should be glad if you would **cancel my booking**.
**I apologize for the late cancellation/for the inconvenience** and I hope I shall be able to come later in the year.
Yours faithfully

Vi scrivo con riferimento alla nostra prenotazione del 12 giugno per una camera matrimoniale con doccia per una settimana a partire dal 25 agosto.
Sfortunatamente **a causa di una malattia/un improvviso impegno** devo rinunciare al viaggio e Vi sarei quindi grato se voleste **annullare la prenotazione**. **Mi scuso per il ritardo con cui ho annullato la prenotazione/per il disturbo** e spero di poter venire in un prossimo futuro.
Distinti saluti

# RENTING, BUYING/SELLING
# *(affitto e compravendita)*

*Family run farmhouse recently restored. Superb view. Swimming pool. Walks. Apts 2/4 £ 300pw B&B £ 40 per day. Linen provided. Pets welcome free. Tel...*

*Fattoria a gestione familiare appena restaurata. Vista magnifica. Piscina. Passeggiate. Appartamenti da 2/4 persone 300 £. Letto e prima colazione 40 £ al giorno. Biancheria compresa. Animali gratis. Tel...*

## Renting a flat/*Affitto di appartamento*

I **obtained/got your name and address from the Tourist Information Office**/I read your ad in "The Times".
My husband and I would like to **rent your two-bedroomed flat**/your farmhouse for one week starting Monday 1 August.
I should be very glad to know if the **flat is available** for that period and, if so, have further information.
I look forward to hearing from you.

Ho **avuto il Vostro nome e indirizzo dall'Ufficio Informazioni Turistiche**/Ho letto la Vostra inserzione sul "Times". Mio marito e io vorremmo **affittare il Vostro appartamento di due stanze**/la fattoria per una settimana a partire da lunedì 1° agosto. Sarei lieta di sapere se **l'appartamento è disponibile** per il periodo indicato e in tale caso vorrei ulteriori informazioni. Attendo una risposta.

## Reply/*Risposta*

**Thank you for** your inquiry of 22 February.
I am happy to inform you that the flat is available for the period you requested.
The flat – on the ground floor – is **well furnished** and besides the two bedrooms there are **a well-equipped kitchen** and bathroom. The flat is **central heated**. All **equipment is included except linen and towels**.
The **rent for** the summer/winter months is **£ 58 per week plus a deposit of £ 15 a week**. If you would like to book this flat, please **let us have the deposit as soon as possible**, as there is **a great demand for this type of accommodation**.

**Vi ringrazio per** la Vostra richiesta di informazioni del 22 febbraio Sono lieta di informarvi che l'appartamento è disponibile per il periodo richiesto.
L'appartamento – al piano terra – **è ben arredato** e, oltre alle due stanze, ci sono una **cucina attrezzata e** un bagno. L'appartamento ha il **riscaldamento centrale**. C'è **tutto tranne la biancheria e gli asciugamani**. **L'affitto** per i mesi estivi/invernali è di **58 £ a settimana, più un deposito di 15 £ a settimana**. Se desiderate prenotare **fateci avere la caparra quanto prima,** dal momento che c'è **grande richiesta per questo tipo di sistemazione**.

## Buying/selling a property
## *Compravendita di una casa*

*FOR SALE Superb 6 bedroomed 17th century villa overlooking the Tuscan countryside. Recently restored. Original fireplaces – stables – swimming pool – 40,000 acres of land. Contact Mr. Jones 123456 evenings.*

*VENDESI stupenda villa del '600 di 6 stanze da letto con vista sulla campagna toscana. Restaurata recentemente. Camini originali – stalle – piscina – 40.000 acri di terreno. Contattare il Sig. Jones ore serali.*

**With reference to your advert** in the "Guardian" of 14 May about a villa in Tuscany, as I am interested in buying a property in the countryside in sunny Italy, I'd like **to have further information about its location** – if it is in the countryside or in a village and if so, **how far is the nearest village** – the exact **size of the building, the layout of the villa**, whether it faces north or south, **the type of trees that surround the property** and at what price you expect to sell it.
Looking forward to hearing from you, I remain

**Con riferimento al Vostro annuncio** sul "Guardian" del 14 maggio riguardante una villa in Toscana, poiché sono interessato a comprare una proprietà in una località soleggiata in Italia, vorrei **avere ulteriori informazioni sulla sua posizione**: se è in aperta campagna o in un paese, e in questo caso **quanto dista il villaggio più vicino**, l'esatta **grandezza dell'edificio, la pianta della villa**, l'orientamento, **il tipo di alberi che circondano la proprietà** e a che prezzo pensate di venderla. In attesa di una risposta, porgo distinti saluti

## Buying/selling a car
## *Compravendita di un'auto*

*Grey E-type Jaguar on sale. Perfectly working. All pieces original 1960. One owner only. 40,000 miles. Ideal for vintage car collector. Tel. ... London area.*

*Vendesi Jaguar E grigia. Condizioni perfette. Tutti i pezzi originali 1960. Unico proprietario. 40.000 miglia. Ideale per collezionista auto d'epoca. Tel. ... zona Londra.*

I read your ad in "The Times" and I am very **much interested in** your E-type Jaguar, which I have been looking for many years. **I'd be very pleased to come to you and have a look at it** and, if possible, to drive it. Please **let me know when it is more convenient for you**. Call me on my cellphone n°... **to arrange my visit**.
Looking forward to receiving your call, I remain
Yours faithfully

Ho letto l'annuncio su "The Times" e **sono molto interessato alla** sua Jaguar E, che cerco da anni. **Sarei molto lieto di venire a dare un'occhiata** alla macchina e – se possibile – fare un giro. **Mi faccia sapere quando le è più comodo**. Mi può chiamare sul cellulare n. ... **per fissare un appuntamento**.
In attesa di una sua telefonata,
porgo distinti saluti

# COMPLAINTS
# *(reclami)*

## About a holiday
## *A proposito di una vacanza*

Dear Sirs,
My wife and I have just returned from a package tour to the Mediterranean island of Samos. Unfortunately our 'ideal holiday' – according to your brochure – turned into a nightmare, so I am writing to **draw your attention to a number of defects that spoilt** our honeymoon.
Even the journey was **a disaster**. **The flight was delayed** for four hours and when we arrived at the island your **representative was not at the airport** to meet us, the coach that was supposed to take us to the hotel **couldn't be found** so we had to hire a taxi.
Secondly, when we reached the **hotel our room was not ready**, the food was awful, **the swimming pool hadn't been opened yet**, the hotel itself was not on the beach but it took ten minutes to walk along the main road to find a **beach which was crowded with people and covered with litter**.
Therefore **I demand compensation for all the misleading statements advertised in your brochure**, that turned our honeymoon into a holiday to forget. Otherwise I will **put the matter into the hands of my solicitor**.
Yours faithfully

Spett. Agenzia,
Mia moglie e io siamo appena tornati da un viaggio organizzato all'isola di Samos nel Mediterraneo. Sfortunatamente la nostra 'vacanza ideale' - secondo il Vostro dépliant- si è rivelata un incubo, per cui Vi scrivo **per segnalare i numerosi difetti che hanno rovinato** la nostra luna di miele.
Lo stesso viaggio è stato **un disastro. Il volo ha avuto un ritardo** di 4 ore e all'arrivo il Vostro **rappresentante non era all'aeroporto** ad attenderci e **il pullman** per l'hotel **non si trovava**. Abbiamo dovuto prendere un taxi!
Inoltre, la camera dell'albergo **non era pronta**, il cibo pessimo, **la piscina chiusa**. L'albergo non era sul mare, ma ci volevano dieci minuti a piedi lungo la strada principale per arrivare a una **spiaggia affollatissima e piena di rifiuti**. Di conseguenza **chiedo un risarcimento per tutte le affermazioni scorrette del Vostro dépliant**, informazioni che hanno trasformato il nostro viaggio di nozze in una vacanza da dimenticare. Altrimenti **mi rivolgerò al mio avvocato**.
Distinti saluti

## About a loss/theft
## *Per smarrimento/furto*

### A. At the airport/*All'aeroporto*

I want **to report the loss/theft of** a medium-sized red suitcase with wheels/leather suitbag with zip/blue-striped trolley case which was on flight 455 leaving Los Angeles on 15 February at 8:15. The bag **was not on the conveyor belt** and could not be found anywhere else. So, as I had expensive design clothes/my latest pattern book, **I want to have my money refunded immediately or I take legal steps**.
A prompt reply will be appreciated.

Desidero **denunciare la perdita/il furto di** una valigia media con rotelle/un porta-abiti di pelle con cerniera/una borsa a carrello a strisce blu che era sul volo 455 in partenza da Los Angeles il 15 febbraio alle ore 8.15. La borsa **non era sul nastro dell'aeroporto** e non è stata trovata da nessun'altra parte. Poiché conteneva costosi abiti firmati/il mio ultimo campionario, **chiedo un rimborso immediato o adirò a vie legali**. Resto in attesa di una sollecita risposta.

**B. At the post office**/*All'ufficio postale*

On 12 May my colleague sent me a parcel containing important documents **by registered post – as you can see from the receipt here enclosed**.
I've pressed for it many times but it sounds as if it has got lost.
Would you please **investigate into the matter as these papers are urgently needed**.

Il 12 maggio il mio collega mi ha inviato **per raccomandata – come potete vedere dalla ricevuta qui acclusa** – un pacco contenente importanti documenti. L'ho sollecitato ripetutamente ma pare sia andato smarrito. **Vogliate fare indagini, dal momento che questi documenti mi servono con urgenza**.

# LETTER TO AN INSURANCE COMPANY
## *(lettera a una compagnia di assicurazioni)*

### To take out an insurance
### *Per stipulare una polizza*

As I am going on holiday in July with all my family, I'd like **to take out a comprehensive insurance policy which covers any type of car accident** – including spare parts and service to the car – **even hotel accommodation** if I have a breakdown – **plus all medical expenses**, as I am touring the States that aren't covered by our ASL.
Let me know the **different types of policies suitable to the needs of** my family with 2 children and **the premiums I have to pay per week/per month**.
Looking forward to hearing from you, I remain,
Yours faithfully

Poiché vado in vacanza in luglio con la mia famiglia, **vorrei stipulare una polizza di assicurazione globale che copra ogni tipo di incidente automobilistico** – compresi i pezzi di ricambio e le riparazioni dell'auto – **anche la sistemazione in albergo** se l'auto dovesse guastarsi – **oltre a tutte le spese mediche**, poiché viaggerò negli USA dove la nostra ASL non è riconosciuta.

Fatemi sapere **i vari tipi di polizze adatti ai bisogni** di una famiglia con due bambini come la mia, e **il premio da pagare alla settimana/al mese**.
In attesa di notizie, porgo distinti saluti

## About a car accident
## *Incidente automobilistico*

Yesterday, while I was driving along High Street, a car coming from the left didn't stop at the crossroads and **bumped into my car**, causing injuries to my girl sitting in the back, **who had to be hospitalized**, and serious damages to the **car, that had to be towed away by a breakdown lorry**. Two passers-by can witness that it wasn't my fault.
As **I have a comprehensive policy,** would you please **investigate into the matter and claim for damages with Lloyds** – the Insurance Company of the driver who caused the accident.
Awaiting a prompt reply, I remain
Yours faithfully
Encl: insurance form

Ieri, mentre stavo guidando lungo High Street, un'auto proveniente da sinistra non si è fermata all'incrocio e **si è scontrata con la mia**, causando ferite alla mia bambina seduta dietro, che **ha dovuto essere portata in ospedale**, e gravi danni **all'auto, che è stata portata via dal carro attrezzi**. Due passanti possono testimoniare che non è stata colpa mia.
Dato che ho **un'assicurazione cumulativa, Vi prego di esaminare la questione e reclamare i danni presso i Lloyds** – la compagnia di assicurazione del guidatore che ha causato l'incidente.
In attesa di una sollecita risposta, porgo
distinti saluti

## About an accident/*Un incidente*

During my skiing holiday on the Swiss Alps I badly **broke my arm/wrist/shoulder/leg/foot/sprained my ankle/knee** and after 3 days in hospital I had to have a plaster for 40 days.
**As I had taken out a health insurance with your company** for the period of my stay in Switzerland – here enclosed you'll find **the insurance form filled out- let me have the compensation you owe me** – for the accident occurred.

Durante una settimana bianca sulle Alpi Svizzere **mi sono rotta il braccio/polso/spalla/gamba/piede/distorta/o la caviglia/il ginocchio** e dopo 3 giorni in ospedale sono dovuta restare ingessata per 40 giorni.
**Poiché avevo stipulato un'assicurazione sulla salute presso la Vostra compagnia** per il periodo del mio soggiorno in Svizzera – qui accluso **troverete il modulo compilato – Vi prego di farmi avere il risarcimento che mi spetta** per l'incidente occorsomi.

## About a theft of a car/*Un furto d'auto*

**I have been robbed of** my grey Golf **registration number 456789** parked outside my house at 45 Bath Ave, Barnstable.
As I **have taken out a comprehensive policy,** would you please send me the forms to be completed **to have my money back/compensation** as soon as possible.

**Mi hanno rubato** la Golf grigia, **targa n. 456789**, parcheggiata davanti a casa, al numero 45 di Bath Ave, Barnstable.
Avendo **stipulato una polizza cumulativa**, Vi prego di spedirmi i moduli da compilare **per avere il rimborso/risarcimento** quanto prima.

## About a theft/*Un furto*

Some **burglars broke into my house** last night and **stole** jewels, old paintings, hi-fi equipment, a top-value collection of clocks and watches and **damaged** the sofas as well.
Would you please **send your surveyor to estimate the damages caused** and let me know **the compensation I can expect**.

**Alcuni ladri sono entrati in casa** mia ieri sera e **hanno rubato** gioielli, quadri antichi, stereo, una collezione pregiata di orologi da muro e da polso oltre ad **avere danneggiato** i divani.
Vi prego di inviare **un perito per valutare i danni causati e** stabilire **il risarcimento che mi spetta**.

# MORE LETTERS...
# *(altre lettere...)*

## Applying for membership of a club
## *Richiesta di iscrizione a un club*

I have just moved to this area and am writing to inquire whether **I may become a member of** Richmond Tennis Club.
Please let me know **if there is a waiting list**, as I am very anxious **to join your Club** right away. I would be grateful if you could **let me know your annual fee charges** and any other information which would be useful.
I look forward to hearing from you in the near future. Here enclosed **you'll find a stamped, self-addressed envelope for your reply**.

Mi sono appena trasferito in questa zona e scrivo per sapere se posso **iscrivermi al Richmond Tennis Club**.
Fatemi sapere se c'è **una lista d'attesa**, poiché desidero **iscrivermi** subito. Vi sarei grato se voleste comunicarmi **la tassa di iscrizione annuale** e ogni altra informazione che potrebbe essermi utile. Aspetto una Vostra risposta a stretto giro di posta. Qui acclusa troverete una **busta con francobollo e indirizzo per la risposta**.

## Booking a guest speaker
## *Invito di un oratore ospite per una conferenza*

Following up our telephone conversation, I am **delighted that you have agreed to give an** illustrated **talk to** our group on the subject of wildlife on the 6th of next month. The **meeting will be held** at the Town Hall starting at 8 p.m., so if you could arrive a few minutes before this it will give you time to settle in.
**We would be grateful if your talk could last approximately** 35-45 minutes. After this there will be a break for refreshments **followed by a question session which usually lasts** for about 30 minutes. You mentioned that you will not require **a slide projector** as you will be bringing all your own equipment.
As agreed, **you do not require a fee for your talk but only a small payment for your travel expenses**.
Here enclosed you will find a map showing the way to get to the hall.
Please **do not hesitate to get in touch if you have any problems**. I look forward to seeing you next month.

Facendo seguito alla nostra telefonata, **siamo lieti che Lei abbia acconsentito a tenere** per il nostro gruppo **una conferenza** con diapositive sulla natura il 6 del mese prossimo. La **conferenza si terrà in Municipio** alle ore 20; se potesse arrivare qualche minuto prima, sarebbe più facile organizzarci.
**La durata della conferenza deve essere di circa** 35-45 minuti. Ci sarà poi un intervallo per un rinfresco, **seguito da un dibattito che di solito dura** 30 minuti. Come ci ha scritto, non avrà bisogno **di un proiettore**, dal momento che porterà tutta la Sua attrezzatura.
Come d'accordo, Lei **non chiederà un compenso per la conferenza ma solo un piccolo rimborso spese**. Qui accluso troverà una cartina che mostra la strada per arrivare al Municipio. **Non esiti a mettersi in contatto con noi se ci fossero problemi.** La aspettiamo il mese prossimo.

## Letter to the editor/*Al direttore*

Sir,
**I am writing to protest** about the TV programs that show violent American films with horrifying scenes of gangsters killing and torturing one another but also some sex scenes at a time – 10 o'clock – when children are likely to be awake. The person of the television service who answered my telephone call said that no restrictions applied after 9 o' clock. **I trust that you will publish this letter**, since I am sure that there are many parents like us who would like these films to be banned.
**Name and address withheld**

Egregio Direttore,
Le **scrivo per protestare** a proposito dei programmi televisivi che mostrano film americani violenti con scene terribili di banditi che uccidono e torturano ma anche scene di sesso a un'ora – le 22.00 – in cui è probabile che i bambini siano ancora alzati. La persona del servizio televisivo che ha risposto alla mia telefonata mi ha detto che non ci sono restrizioni dopo le 21.00. **Confido che pubblichiate** questa lettera, dal momento che sono sicuro che ci sono molti genitori che, come me, vorrebbero che questi film fossero vietati.
**Lettera firmata**

## Letter to solicitors asking them to act for a firm/*Lettera ad avvocati per la difesa di una ditta*

Your name has been given us by Grown & Smith, our solicitors in London, and I am writing at the request of my Board of Directors to ask **if you would be kind enough to act in our behalf in the matter of nonfulfilment of a contract by** Messrs Taylor & Sons of

Milano. The precise facts of the case are set out in the enclosed copy of the document and statement of my Directors.
We hope you will be **willing to undertake the case for our company** and, as the matter is rather urgent, your early reply will be greatly appreciated.

Abbiamo avuto il Vostro nominativo da Grown & Smith, i nostri avvocati di Londra. Vi scrivo dietro richiesta del Consiglio di Amministrazione per sapere **se volete essere così gentili da agire per conto nostro nella questione del mancato adempimento di un contratto da parte della ditta**... I fatti precisi sono esposti nell'acclusa copia del documento e dichiarazione dei membri del Consiglio.
Speriamo **siate disposti ad accettare questo incarico** e, trattandosi di questione piuttosto urgente, desideriamo una risposta sollecita.

# Indice

## **Writing personal letters/*Corrispondenza privata*** ... 65

## Titoli in collana

Basic English Exercises
*primo livello*

Business Letters
*scrivere lettere commerciali*

Business English
*lavorare con il mondo*

Concise Grammar
*grammatica indispensabile*

English Exercises
*secondo livello*

English for Travellers
*inglese per viaggiare*